LIVING LANGUAGE®

INGLÉS
LIBRO DE TEXTO

REVISADO Y
MODERNIZADO

THE LIVING LANGUAGE® SERIES

Living Language® Basic Complete Courses Revised & Updated
Spanish   Japanese
French   Russian
German   Italian
Portuguese
Inglés/English for Spanish Speakers

Living Language® 2000+ Essential Verbs
French   Spanish

Living Language® Intermediate Skill Builder Courses
German Verbs   Italian Verbs

Living Language® Advanced Courses, Revised & Updated
Advanced Spanish   Advanced French

Living Language® Ultimate™
(formerly All the Way™)
Spanish   Advanced Spanish
French   Advanced French
German   Advanced German
Italian   Advanced Italian
Russian   Advanced Russian
Japanese   Advanced Japanese
Inglés/English for Spanish Speakers
Advanced Inglés/English for Spanish
  Speakers
Mandarin Chinese
Portuguese

Living Language® Without the Fuss
French   Italian   Spanish

Living Language® English for New Americans
Everyday Life
Health & Safety
Work & School

Living Language® All-Audio™
Spanish   French   Italian   German

Living Language® American English Pronunciation Program

Fodor's Languages for Travelers
Spanish   French   Italian   German

Living Language® Parent/Child Activity Kits
Learn French Together
Learn Italian Together
Learn Spanish Together
Learn French Together: For the Car
Learn Italian Together: For the Car
Learn Spanish Together: For the Car

Living Language® Business Companion
Chinese   French
German   Japanese
Spanish

If you're traveling, we recommend
Fodor's guides

Available in bookstores everywhere

Visit our Web site at: **www.livinglanguage.com** for more informaiton

INGLÉS
LIBRO DE TEXTO

REVISADO Y MODERNIZADO

REVISADO POR KATHLEEN OSSIP

◆

Basado en el original de
Genevieve A. Martin y Adolfo Alfaro

LIVING LANGUAGE®
A Random House Company

ÍNDICE

CÓMO ESCRIBIR CARTAS   269

INTRODUCCIÓN

El *Living Language® Inglés* le facilita el aprender a hablar, leer, y escribir el inglés. Este curso es una versión moderna, revisada, y ampliada de *El Inglés Viviente: The Complete Living Language Course®*. El mismo método superior y efectivo para la enseñanza de idiomas todavía se utiliza, pero el contenido está puesto al día para reflejar el uso moderno y el formato se ha esclarecido. En este curso, los elementos básicos del lenguaje han sido cuidadosamente seleccionados y condensados en cuarenta lecciones cortas. Si Ud. puede estudiar treinta minutos al día, puede dominar este curso y aprender a hablar inglés en unas semanas.

Ud. aprenderá inglés del mismo modo que aprendió español, es decir, empezando con palabras sencillas y progresando a frases complejas. Si usted ha optado por comprar el curso completo, sólo tiene que escuchar y repetir después que el orador hable en la grabación. Ud. sólo escucha inglés hablado por una persona nativa. Oiga, diga, sumérjase en el idioma a través del uso y la repetición. Sin embargo, este libro de texto también funciona como un curso completo e independiente. Las grabaciones mejoran y aumentan su eficacia.

El *Living Language® Inglés Libro de texto* le da traducciones y explicaciones breves para cada lección. Las primeras cinco son para la pronunciación, estableciendo una base para el aprendizaje del vocabulario, de frases y de la gramática, la cual es explicada en capítulos posteriores. Si Ud. ya sabe algo de inglés, puede usar este libro como una recopilación de frases y como libro de consulta. Además de las cuarenta lecciones, hay también un resumen de la gramática, tablas de verbos con conjugaciones, y una sección para redactar correspondencia.

También está incluido en la serie el *Living Language®* *Diccionario de Inglés,* el cual contiene más de 15,000 entradas, con muchas definiciones ilustradas por medio de frases y modismos. Más de 1,000 palabras de uso más frecuente aparecen con letra mayúscula, para ser localizadas rápidamente. Ud. puede aumentar su vocabulario y espontaneidad de expresión con sólo repasar las hojas del diccionario.

Practique el inglés lo más posible; vea películas en inglés, lea revistas americanas, y hable con personas de habla inglesa; así de esta manera agradable, Ud. reforzará lo que ha aprendido con *Living Language® Inglés.* Ahora empecemos.

Las instrucciones a continuación le dirán que hacer. ¡Buena suerte!

MATERIAL DEL CURSO

1. El *Living Language® Inglés Libro de texto*. Este libro está diseñado para usarse solo, como manual y libro de consulta, o con las lecciones grabadas. Contiene las siguientes secciones:

   Inglés básico en 40 lecciones
   Resumen de la gramática inglesa
   Tablas de verbos y conjugaciones
   Redacción de correspondencia

2. El *Living Language® Diccionario de Inglés*. Este diccionario inglés-español/español-inglés contiene más de 15,000 entradas, frases y modismos explican muchas de las definiciones. Más de 1,000 palabras esenciales aparecen con letra mayúscula.

3. Dos casetes de 90 minutos o tres discos compactos de sesenta minutos cada uno, si ha optado por comprarlos.

INSTRUCCIONES

1. Si ha optado por comprar las grabaciones, mire la página 1. Las palabras en negrita son las que oirá en la grabación.

2. Ahora lea la Lección 1 hasta el final. Observe los puntos que debe escuchar cuando empiece la grabación. La primera palabra que oirá es **ALICE**.

3. Empiece a tocar la grabación. Escuche cuidadosamente y repita las palabras en la pausa que le dan. Escuche la lección hasta el final y no se preocupe si no puede pronunciar todo correctamente esta primera vez. Trate otra vez y siga repitiendo la lección hasta que Ud. piense que la sabe. Mientras más escuche y repita, más recordará todo lo que ha aprendido.

4. Ahora prosiga a la próxima lección. Si Ud. descansa entre las lecciones, siempre es bueno repasar lo aprendido previamente antes de empezar material nuevo.

5. En el manual, hay dos clases de pruebas o exámenes cortos. En el pareo, Ud. debe seleccionar la traducción correcta de la oración en inglés. El otro tipo requiere llenar los espacios con una de las contestaciones que aparecen debajo de la oración. Si hace algún error, debe repasar esa sección.

6. Aun cuando haya terminado las cuarenta lecciones y obtenga una nota alta en la prueba final, continue practicando su inglés escuchando las grabaciones y hablando con sus amigos en inglés.

LIVING LANGUAGE®

INGLÉS
LIBRO DE TEXTO

REVISADO Y
MODERNIZADO

LECCIÓN 1

A. LAS LETRAS Y LOS SONIDOS

Si ha optado por comprar las grabaciones, escuche y repita los siguientes nombres en inglés y note la diferencia entre la pronunciación inglesa y la española.

Alice	Alicia
Alfred	Alfredo
Anthony	Antonio
Charles	Carlos
Elizabeth	Isabel
Henry	Enrique
Joan	Juana
John	Juan
George	Jorge
Joseph	José
Lewis	Luis
Louise	Luisa
Michael	Miguel
Mary	María
Peter	Pedro
Paul	Pablo
Ralph	Rafael
Richard	Ricardo
Robert	Roberto

NOTAS:

    a. Una sola letra o una combinación de letras puede representar más de un sonido.

b. Un sonido en particular puede ser deletreado en más de una forma.
Dos letras pueden combinarse para formar un solo sonido puro.

c. A menudo las vocales no tienen acento, y no se pronuncian de manera tan clara como se pronuncian en español.

d. No hay signos que indiquen el acento en inglés.

B. Vocablos Geográficos

1. Ahora escuche los nombres de algunas ciudades:

Berlin	Montreal
Boston	Moscow
Brussels	New Orleans
Chicago	New York
London	Paris
Los Angeles	Rome
Madrid	San Francisco
Mexico	Vienna
Miami	Washington

2. Ahora los nombres de algunos países y también algunos estados de Norteamérica:

Argentina	Colorado
Austria	England
Belgium	Florida
California	France
Canada	Germany
Italy	Mexico
Spain	Texas

LECCIÓN 2

A. VOCALES

1. *a*

a. Tiene un sonido muy parecido al de la *a* española en:

father	padre	**hard**	duro
car	coche	**park**	parque

b. Un sonido breve entre las letras españolas: *a* y *e:*

ask	preguntar	**that**	que
hat	sombrero	**hand**	mano

c. Muy parecido al diptongo *ei* como en la palabra española *deleite:*

late	tarde	**same**	mismo
cake	torta/pastel	**tape**	cinta

d. Sonido de *e* española aunque no abunda:

any	cualquiera	**many**	muchos

e. Sonido de *o* española como en la palabra *col*

all	todo	**call**	llamar
quart	cuarto	**draw**	dibujar

2. *e*

   a. Un sonido equivalente al de la *i* española de la palabra *cinco:*

she	ella	**begin**	comenzar
he	él	**repair**	arreglar

   b. Un sonido muy parecido al de la *e* española:

get	obtener	**lesson**	lección
let	permitir	**metal**	metal

   c. Un sonido que no tiene equivalente en español pero que está más o menos entre *e* y *o:*

her	ella	**dinner**	cena

   d. Note que la *e* final casi nunca se pronuncia:

late	tarde	**large**	grande

3. *i*

   a. Sonido muy breve de *i* que es casi una *e* como en:

milk	leche	**silver**	plata
bridge	puente	**pin**	alfiler

   b. Como la *i* española de *hilo* en:

machine	máquina	**police**	policía

   c. Como el del diptongo *ai* en la palabra española *aire:*

high	alto	**like**	gustar
kind	bondadoso	**price**	precio

d. Sonido sin equivalente en español entre *e* y *o*, y semejante al *e* de *her* (véase Vocales, 2-c):

sir	señor	**bird**	pájaro
flirt	coquetear		

4. *o*

a. Sonido como el diptongo *ou* en:

go	ir	**home**	casa
nose	nariz	**no**	no

b. Como la *u* española en:

to	a	**do**	hacer
who	quién	**move**	mover

c. Sonido de una *o* muy breve parecida a la *a:*

not	no	**hot**	caliente
bottle	botella	**shop**	tienda

d. Sonido como *oa* cuando va seguida de *r* y *e* muda:

more	más	**before**	antes
sore	adolorido	**corn**	maíz

5. *u*

a. Sonido como el diptongo *iu:*

cute	lindo	**pupil**	alumno
confuse	confuso	**pure**	puro

b. Sonido parecido al de la *u* española:

pull	jalar	**put**	poner
push	empujar	**full**	lleno

c. Una *u* corta casi como una *a* breve que no tiene
   equivalente en español:

tub	tina, bañera	**fun**	diversión
but	pero	**cut**	cortar

d. Un sonido entre *e* y *u:*

burn	quemar	**fur**	piel
occur	ocurrir		

6. *y*

La *y* se emplea también como vocal en algunas palabras y, como vocal, se pronuncia:

a. Como la *i:*

lonely	solo	**many**	muchos

b. Como el diptongo *ai* de *aire:*

by	por	**eye**	ojo

B. Cognados: Palabras Similares Entre Español e Inglés

Hay un gran número de palabras similares entre español e
inglés. Muchas son cognados, palabras que tienen las mismas raíces.

action	acción
agent	agente
attention	atención
case	caso
check	cheque
certain	cierto

different	diferente
example	ejemplo
guitar	guitarra
important	importante
interesting	interesante
necessary	necesario
radio	radio
tea	té
telephone	teléfono
theater	teatro
train	tren
visit	visita

LECCIÓN 3

A. CONSONANTES

1. *b*

Tiene un sonido más fuerte que en español, se pronuncia apretando los labios:

bed	cama	**butter**	mantequilla

2. *c*

Como en español:

a. Antes de la *a, o, u,* suena como en castellano:

card	tarjeta	**cup**	taza
coffee	café		

b. Antes de la *e, i, y,* se pronuncia como la *s* española:

central	central	**city**	ciudad
bicycle	bicicleta		

3. *d*

Tiene el mismo sonido que la *d* española pero se pronuncia más fuerte. Observe que se pronuncia también de la misma manera al final de palabra:

dentist	dentista	**sounded**	sonó
head	cabeza		

4. *f*

Igual que el sonido de la *f* española:

far	lejos	**soft**	suave

a. Sin embargo, fíjese en la pronunciación de:

of	de

5. *g*

a. Sonido como la *g* española en las sílabas *ga, go, gu;* lo tiene con todas las vocales:

garden	jardín	**get**	obtener
give	dar	**go**	ir

b. Una *g* aproximadamente equivalente a la combinación de una *d* y una *ch:*

general	general	**gin**	ginebra

6. *h*

Tiene el mismo sonido de la *j* española aunque no tan fuerte:

house	casa	**hot**	caliente
behind	detrás	**heart**	corazón

Excepciones—en estas palabras, la *h* es muda:

honor	honra	**hour**	hora
honest	honrado		

7. *j*

La *j* tiene exactamente la misma pronunciación de la *g* en la palabra inglesa *gin* (véase 5-b, arriba):

judge	juez	**join**	juntar/unir
joy	alegría	**just**	justo

8. *k*

a. Tiene la misma pronunciación de la *c* fuerte (véase 2-a en la página 7):

keep	guardar	**kilo**	kilo
kid	cabrito		

b. Es muda cuando le sigue una *n:*

know	conocer	**knife**	cuchillo

9. *l*

Exacta a la *l* española:

liberty   libertad   **lonely**   solitario

La combinación de dos *l* no es una letra del alfabeto y
mantiene el sonido de la *l:*

yellow   amarillo

10. *m* y *n*

Las dos tienen igual sonido que en español:

man	hombre	**never**	nunca
minute	minuto	**nature**	naturaleza

11. *p*

Se pronuncia como en español:

pencil   lápiz   **paper**   papel

12. *q*

Tiene el mismo sonido que en español (va siempre
seguida de la *u*):

quarrel   riña   **quiet**   tranquilo

13. *r*

Se parece a la *r* española pero más suave:

rice	arroz	**water**	agua
American	americano	**married**	casado

14. *s*

    a. Hay una *s* inglesa igual a la española:

send	mandar	**sand**	arena
books	libros	**feast**	fiesta

    b. Hay otra *s* que no tiene equivalente en español. El sonido se asemeja a un zumbido:

has	tiene	**busy**	ocupado

Esta *s* se encuentra frecuentemente después de vocales y ciertas consonantes sonoras:

rises	subir	**towns**	ciudades

    c. Hay otras dos formas menos frecuentes de pronunciar la *s*, como en:

sugar	azúcar	**sure**	seguro
vision	visión	**measure**	medida

15. *t*

    a. Se pronuncia como la *t* española pero más fuerte:

touch	tocar	**table**	mesa
total	total	**tea**	té

b. Parecido al de la *s* en la palabra inglesa *sugar* (véase 14-c, arriba) en:

action	acción	**sensation**	sensación
nation	nación	**preparation**	preparación

c. Como la *ch* española lo tiene en:

picture	cuadro	**furniture**	mueble
question	pregunta	**virtue**	virtud

16. *v*

Similar a la *v* española pero con una pronunciación labidental marcada:

very	muy	**victory**	victoria

17. *w*

Más o menos como la *hue* española de la palabra *hueso:*

with	con	**wall**	pared
worry	preocupar	**west**	oeste

18. *x*

a. Como la *x* española de la palabra *próximo* en:

exact	exacto	**examination**	examen

b. Sonido fuerte de *cs* antes de una consonante o vocal acentuada:

excellent	excelente	**next**	próximo

19. *y*

Igual a la española, casi como una *i:*

yesterday   ayer   **you**   tú, usted

También se emplea como vocal (véase Vocales 6).

20. *z*

No tiene equivalente en español pero se pronuncia como con un zumbido:

zone   zona   **prize**   premio
wizard   mago   **buzz**   zumbar

LECCIÓN 4

A. COMBINACIONES COMUNES DE VOCALES

1. *ai, ay* se parecen al diptongo español *ei* como en la palabra *reina*.

main   principal   **rail**   barra
say   decir   **day**   día

2. *au, aw* se pronuncian como una *o* muy abierta:

caught   cogido   **laundry**   lavandería
law   ley   **saw**   sierra, serrucho

Excepciones:

laugh   risa   **aunt**   tía

3. *ea* se pronuncia de diferentes maneras:

   a. Como la *i* española en:

sea	mar	**heat**	calor
lead	conducir		

   b. Como el diptongo *ei* de la palabra *reina:*

great	grande	**break**	romper

   c. Como la *e* española:

bread	pan	**lead**	plomo
head	cabeza		

4. *ee* se pronuncia como la *i* española:

meet	encontrar	**feel**	sentir

5. *ei, ey* se pronuncian de algunas maneras diferentes:

   a. Como la *i* española:

ceiling	techo interior	**receive**	recibir

   b. Como el diptongo español *ei:*

vein	vena	**they**	ellos

   c. Como el diptongo español *ai:*

height	altura

6. *oa* es equivalente al diptongo *ou* español:

boat	barco	**soap**	jabón

7. En la combinación *oe*, la *e* es muda:

a. Algunas veces se pronuncia como el diptongo español *ou:*

toe   dedo del pie   **foe**   enemigo

b. Como la *u* española en:

shoe   zapato

8. *oo* tiene tres sonidos:

a. Uno que equivale a la *u* española:

moon   luna   **soon**   pronto

b. Uno más corto:

book   libro   **foot**   pie

c. Otro como la *o* española pero más cerrado, casi como una *a*, equivalente a la *u* corta en inglés:

flood   inundación   **blood**   sangre

9. *ou* tiene varios sonidos:

a. El mismo sonido de *u* en *una:*

soup   sopa   **tourist**   turista

b. Parecido al diptongo español *au:*

house   casa   **shout**   gritar

c. Como el diptongo español *ou:*

soul   alma   **though**   aun

d. Como una *o* española pero más cerrada, casi como *a:*

touch   tocar   **enough**   bastante

   e. Como la combinación *au* en inglés:

bought   comprado   **cough**   tos

  10. *ui* se pronuncia:

    a. Algunas veces como la *i* corta inglesa:

build   fabricar   **guilt**   culpabilidad

    b. Como *u:*

juice   jugo   **bruise**   moretón

  11. *uy* se pronuncia como el diptongo español *ai* en:

buy   comprar   **guy**   tipo *(fam.)*

B. COMBINACIONES COMUNES DE CONSONANTES Y DE CONSONANTES Y VOCALES

  1. *ch*

Aunque esta combinación no se considera una letra del alfabeto tiene la misma pronunciación que tiene en el español.

chair   silla   **church**   iglesia

    Sin embargo, algunas palabras de origen extranjero mantienen su pronunciación original:

machine   máquina   **mustache**   bigote
chorus   coro   **character**   carácter

  2. *gh*

    a. A menudo no se pronuncia:

sigh   suspiro   **height**   altura

    b. Se pronuncia como una *f:*

cough   tos   **laugh**   risa

    c. Se pronuncia en raras ocasiones como una sola *g:*

ghost   fantasma

  3. *gu*

    Muchas veces la *u* es muda:

guide   guía   **tongue**   lengua

  4. *ng*

    Se pronuncia de dos modos distintos:

    a. Generalmente es igual a la *n* de la palabra española *banco:*

long   largo   **thing**   cosa

    b. En algunas palabras la *g* tiene sonido:

finger   dedo   **hunger**   hambre

  5. *ph*

    Equivale a la *f* española:

philosophy   filosofía

  6. *sc*

    a. Se pronuncia como la *c* antes de vocales *e, i, y* (véase Lección 3A. Consonante 2b):

scene   escena   **science**   ciencias

b. Pero antes de vocales *a, u, o* (véase Lección 3A, Consonante 2a):

scarf   bufanda   **score**   muesca

7. *sch*

Generalmente equivale a la combinación de una *s* y una *k:*

school   escuela   **scheme**   esquema

8. *sh*

No tiene equivalente en español. Se pronuncia como la última parte de la *ch* española cuando se prolonga:

short   corto   **sheet**   sábana
sharp   agudo   **rush**   prisa

9. *th*

a. Este importante sonido equivale a la *z* castellana en palabras como:

thin   delgado   **think**   pensar
throw   tirar   **thank**   agradecer

b. Como la *d* castellana en otras palabras como:

then   entonces   **this**   este/o
without   sin   **that**   ese/o

c. Ponga atención especial en la pronunciación del artículo *the,* que se pronuncia de dos maneras:
   (1) antes de una consonante, con un sonido parecido a "dhe":

the floor   el suelo

(2) antes de una vocal, con un sonido parecido a "dhi":

the animal   el animal

10. *wh*

Equivale más o menos a la combinanción española *ju* pero más suave:

where	dónde	**when**	cuándo
white	blanco	**which**	cuál

Excepción: **who**   quién

LECCIÓN 5

A. ACENTO

La pronunciación inglesa es extremadamente irregular:

1. Todas las palabras tienen una sílaba que se acentúa fuertemente: *con•di′tion*.
2. Algunas tienen dos acentos fuertes: *air′tight′*.
3. Las palabras largas generalmente tienen un acento más ligero: *sec′ond•ar′y*.
4. Algunas palabras cambian el lugar del acento de acuerdo con el oficio que desempeñan: *to con•trast′*, (verbo) *a con′trast* (sustantivo).
5. No hay reglas invariables en relación al acento de las sílabas en inglés. La sílaba con el significado en la raíz generalmente lleva el acento: *im•pos′si•ble, love′ly, pas′sen•ger*.

6. Sin embargo, palabras que terminan en -*ion*, al revés del español, generalmente tienen el acento en la sílaba que precede a la final: *na'tion, pro•fes'sion*.
7. Las palabras que terminan en -*oon*, -*ese*, -*eer*, -*ade* tienen su acento en la última sílaba: *bal•loon', Chi•nese', en'gi•neer', per•suade'*.

B. EL ALFABETO INGLÉS

LETRA	NOMBRE	LETRA	NOMBRE	LETRA	NOMBRE
a	ei	j	dyei	s	es
b	bi	k	kei	t	ti
c	ci	l	el	u	iu
d	di	m	em	v	vi
e	i	n	en	w	dobl iu
f	ef	o	o	x	eks
g	dyi	p	pi	y	uai
h	eich	q	kiu	z	dsi
i	ai	r	ar		

C. UNOS COGNADOS MÁS

Como ha visto, construir un vocabulario inglés es más bien una cuestión fácil ya que hay un gran número de palabras similares entre el inglés y el español. Muchas palabras se deletrean exactamente igual aunque difieran considerablemente en su pronunciación:

INGLÉS	ESPAÑOL	INGLÉS	ESPAÑOL
actor	actor	doctor	doctor
animal	animal	familiar	familiar
auto	auto	gas	gas
capital	capital	general	general
central	central	hospital	hospital
chocolate	chocolate	hotel	hotel
color	color	humor	humor

idea	idea	**material**	material
local	local	**original**	original

Hay muchas palabras inglesas en las cuales Ud. no tendrá ninguna dificultad en reconocer como cognados a pesar de pequeñas diferencias. Algunas de estas diferencias son:

a. La palabra inglesa no lleva acento escrito:

area	área	**melon**	melón
conclusion	conclusión	**omnibus**	ómnibus
consul	cónsul	**religion**	religión

b. La palabra inglesa tiene una doble consonante:

antenna	antena	**intelligible**	inteligible
annual	anual	**occasional**	ocasional
commercial	comercial	**official**	oficial
impossible	imposible	**possible**	posible
intellectual	intelectual	**professional**	profesional

c. La palabra inglesa no tiene una vocal al final:

list	lista	**problem**	problema
map	mapa	**person**	persona
part	parte	**cost**	costo
product	producto	**restaurant**	restaurante

d. La palabra inglesa termina con *e* en el lugar de *a* u *o:*

figure	figura	**favorite**	favorito
medicine	medicina	**minute**	minuto
note	nota	**use**	uso

e. La palabra inglesa empieza con *s* en lugar de *es:*

state	estado	**station**	estación
style	estilo	**statue**	estatua

scene	escena	**spirit**	espíritu
splendid	espléndido	**slave**	esclavo

D. Equivalencias Generales

1. Inglés *k (ck)* = Español *c (qu)*:

frank	franco	**park**	parque
sack	saco	**attack**	ataque

2. Inglés *ph* = Español *f*:

phrase	frase	**physical**	físico
telephone	teléfono	**geography**	geografía

3. Inglés *x* = Español *j*:

execute	ejecutar	**example**	ejemplo
exercise	ejercicio	**executive**	ejecutivo

4. Inglés *th* = Español *t*:

author	autor	**sympathy**	simpatía
theory	teoría	**theater**	teatro

5. Inglés *ce* = Español *z*:

race	raza	**force**	fuerza

6. Inglés *y* = Español *i*:

mystery	misterio	**system**	sistema
style	estilo	**rhythm**	ritmo

7. Inglés *ou* = Español *o* y *u:*

hour	hora	**sound**	sonido
court	corte	**soup**	sopa
mountain	montaña	**found**	fundar
announce	anunciar	**course**	curso

8. Inglés *y* final = Español *ía, ia,* y *io:*

company	compañía	**secretary**	secretaria
family	familia	**remedy**	remedio
history	historia	**territory**	territorio

9. Inglés *e* muda final = Español *ía, ia,* y *io:*

absence	ausencia	**police**	policía
difference	diferencia	**justice**	justicia
distance	distancia	**silence**	silencio
experience	experiencia	**service**	servicio

10. Inglés *tion* = Español *ción:*

action	acción	**station**	estación
attraction	atracción	**information**	información
conversation	conversación	**satisfaction**	satisfacción
description	descripción	**vacation**	vacación

11. Inglés *al* = Español *o:*

electrical	eléctrico	**political**	político
eternal	eterno	**practical**	práctico

12. Inglés *ous* = Español *oso:*

delicious	delicioso	**numerous**	numeroso
famous	famoso	**religious**	religioso

LECCIÓN 6

A. NÚMEROS 1–10

one	uno
two	dos
three	tres
four	cuatro
five	cinco
six	seis
seven	siete
eight	ocho
nine	nueve
ten	diez

One and one are two.	Uno y uno son dos.
One and two are three.	Uno y dos son tres.
Two and two are four.	Dos y dos son cuatro.
Two and three are five.	Dos y tres son cinco.
Three and four are seven.	Tres y cuatro son siete.
Six minus one is five.	Seis menos uno son cinco.
Four and five are nine.	Cuatro y cinco son nueve.
Ten minus seven is three.	Diez menos siete son tres.

B. LOS DÍAS[1] Y LOS MESES

Monday	lunes
Tuesday	martes
Wednesday	miércoles

[1] Note que en inglés los días de la semana y los meses del año se escriben con mayúscula, así como las nacionalidades y los idiomas.

Thursday	jueves
Friday	viernes
Saturday	sábado
Sunday	domingo

January	enero
February	febrero
March	marzo
April	abril
May	mayo
June	junio
July	julio
August	agosto
September	septiembre
October	octubre
November	noviembre
December	diciembre

C. ALGUNOS COLORES

red	rojo
blue	azul
green	verde
black	negro
white	blanco
yellow	amarillo
brown	castaño, café
gray	gris

D. LAS ESTACIONES Y LAS DIRECCIONES

spring	la primavera
summer	el verano
autumn, fall	el otoño
winter	el invierno

north	norte
south	sur
east	este
west	oeste

E. MAÑANA, MEDIODÍA Y NOCHE; HOY, AYER, MAÑANA

morning	mañana
noon	mediodía
afternoon, evening	tarde
night	noche
today	hoy
yesterday	ayer
tomorrow	mañana
Today is Friday.	Hoy es viernes.
Yesterday was Thursday.	Ayer fue jueves.
Tomorrow is Saturday.	Mañana es sábado.

PRUEBA 1

Trate de combinar estas dos columnas:

1. *January*   a. viernes
2. *summer*   b. otoño
3. *June*   c. jueves
4. *winter*   d. primavera
5. *October*   e. ocho
6. *white*   f. enero
7. *autumn*   g. invierno
8. *Sunday*   h. verde
9. *spring*   i. verano
10. *eight*   j. junio
11. *west*   k. lunes
12. *Thursday*   l. cuatro
13. *four*   m. octubre
14. *ten*   n. domingo

15. *red*	o. oeste
16. *black*	p. rojo
17. *green*	q. negro
18. *Friday*	r. diez
19. *gray*	s. blanco
20. *Monday*	t. gris

RESPUESTAS

1—f; 2—i; 3—j; 4—g; 5—m; 6—s; 7—b; 8—n; 9—d;
10—e; 11—o; 12—c; 13—l; 14—r; 15—p; 16—q; 17—h;
18—a; 19—t; 20—k

LECCIÓN 7

A. SALUDOS

In the morning: Por la mañana:

good	buenos
morning	días
good morning	buenos días
Mr.	señor
Jones	Jones
Good morning, Mr. Jones.	Buenos días, señor Jones.
how	cómo
are	está (estás)
you	usted (tú)
How are you?	¿Cómo está usted?
	(¿Cómo estás?)
very	muy
well	bien
very well	muy bien
thank you	gracias

Very well, thank you.	Muy bien, gracias.
and	y
how	cómo
are	está (estás)
you	usted (tú)
And how are you?	¿Y cómo está usted?
	(¿Y cómo estás tú?)
fine	bien
Fine, thanks.	Bien, gracias.

In the afternoon:	Por la tarde:

good	buenas
afternoon	tardes
good afternoon	buenas tardes
Good afternoon, Mrs. Jones.	Buenas tardes, señora Jones.
how	cómo
are	está
you	usted
How are you?	¿Cómo está usted?
fine	bien
and	y
you	usted
Fine, and you?	Bien, ¿y usted?
very	muy
well	bien
thanks	gracias
Very well, thanks.	Muy bien, gracias.

In the evening:	Al anochecer:

Good	buenas
evening	noches
Miss Jones	señorita Jones
Good evening, Miss Jones.	Buenas noches, señorita Jones.

At night:	De noche:
good night	buenas noches
Mr. Smith	señor Smith
Good night, Mr. Smith.	Buenas noches, señor Smith.

No se dice *Good night* al llegar, sino solamente al despedirse.

At any time of day:	En cualquier momento del día:
Hello.	Hola.
Hi.	Hola.
Good-bye.	Adiós.

B.   ¿QUÉ TIEMPO HACE?

How's the weather?	¿Qué tiempo hace?
What's the weather like?	¿Qué tiempo hace?
It's cold.	Hace frío.
It's hot.	Hace calor.
It's cool.	Hace fresco.
It's warm.	Hace calor.
It's nice.	Hace buen tiempo.
It's windy.	Hace viento.
It's sunny.	Hace sol.
It's raining.	Llueve.
It's snowing.	Nieva.

C.   VOCABULARIO

class	clase
considerable	considerable
difference	diferencia
element	elemento
father	padre
glory	gloria
operation	operación
mother	madre

PRUEBA 2

1. *Good afternoon.*	a. ¿Qué tiempo hace?
2. *How are you?*	b. señora
3. *Miss*	c. y
4. *What's the weather like?*	d. muy bien
5. *Thank you.*	e. Buenos días.
6. *Mrs.*	f. Hola.
7. *in the afternoon*	g. ¿Cómo está usted?
8. *Mr.*	h. bien
9. *It's nice.*	i. Gracias.
10. *Good morning.*	j. por la tarde
11. *Good night.*	k. señorita
12. *and*	l. Buenas tardes.
13. *very well*	m. Hace buen tiempo.
14. *fine*	n. señor
15. *Hello.*	o. Buenas noches.

RESPUESTAS

1—l; 2—g; 3—k; 4—a; 5—i; 6—b; 7—j; 8—n; 9—m;
10—e; 11—o; 12—c; 13—d; 14—h; 15—f

LECCIÓN 8

A. ¿DÓNDE ESTÁ?

where is   dónde está
the telephone   el teléfono

Where is the telephone?[1]	¿Dónde está el teléfono?
Where is the post office?	¿Dónde está el correo?
Where is the train station?	¿Dónde está la estación de trenes?
Where's . . . ?	¿Dónde hay . . . ?
a hotel	un hotel
Where's a hotel?	¿Dónde hay un hotel?
a bathroom	un baño
Where's a bathroom?	¿Dónde hay un baño?
a good	buen
restaurant	restaurante
Where's a good restaurant?	¿Dónde hay un buen restaurante?
can you	puede usted
tell me	decirme
Can you tell me . . . ?	¿Puede usted decirme . . . ?
Can you tell me where there is a hotel?	¿Puede usted decirme dónde hay un hotel?
Can you tell me where there is a good restaurant?	¿Puede usted decirme dónde hay un buen restaurante?
Can you tell me where the telephone is?	¿Puede usted decirme dónde está el teléfono?
Can you tell me where the train station is?	¿Puede usted decirme dónde está la estación de trenes?
Can you tell me where the post office is?	¿Puede usted decirme dónde está el correo?

[1] En inglés, en la conversación corriente, es frecuente y correcto encontrar contracciones entre las distintas formas del verbo *to be*. Por ejemplo: *"Where is the book?"* (algo formal); y *"Where's the book?"* (en la conversación). Las dos frases significan "¿Dónde está el libro?"

PRUEBA 3

1. *Where is the telephone?*   a. ¿Dónde hay un hotel?
   (Where's the telephone?)
2. *Can you tell me where*   b. ¿Dónde está el teléfono?
   the train station is?
3. *Can you tell me . . . ?*   c. ¿Puede usted decirme
                            . . . ?
4. *the post office*   d. ¿Puede usted decirme
                            dónde está la estación
                            de trenes?
5. *Where is a hotel?*   e. el correo

RESPUESTAS
1—b; 2—d; 3—c; 4—e; 5—a

B. ¿TIENE USTED . . . ?

Do you have . . . ?	¿Tiene usted . . . ?
any money	dinero
any cigarettes	cigarrillos
any matches	fósforos, cerillos
a light	fuego
I need . . .	Necesito . . .
some paper[1]	papel
a pencil	un lápiz
a pen	un bolígrafo
a stamp	una estampilla, un sello, un timbre
a towel	una toalla
some soap	jabón
some toothpaste	pasta de dientes

[1] Observe que en ciertas expresiones se usan las palabras *some* y *any* que no tienen traducción al español.

Where can I buy . . . ?	¿Dónde puedo comprar . . . ?
Do you have . . . ?	¿Tiene usted . . . ?
an English-Spanish dictionary	un diccionario inglés-español
some Spanish books	unos libros en español

C. EN UN RESTAURANTE

breakfast	desayuno
lunch	almuerzo
dinner	comida
supper	cena
What will you have?	¿Qué desea usted? (¿Qué tendrá usted?)
I would like	Quisiera
the menu	la lista de platos, el menú
please	por favor
I would like the menu, please.	Quisiera el menú, por favor
Bring me . . .	Tráigame . . .
some bread	un poco de pan
bread and butter	pan y mantequilla
soup	sopa
meat	carne
beef	res
steak	bistec
ham	jamón
fish	pescado
chicken	pollo
turkey	pavo
eggs	huevos
vegetables	legumbres
potatoes	papas, patatas
salad	ensalada
water	agua
wine	vino

beer	cerveza
milk	leche
coffee	café
sugar	azúcar
salt	sal
pepper	pimienta
ketchup	salsa de tomate
chili sauce	salsa picante
Worcestershire sauce	salsa inglesa
fruit	fruta
dessert	postre
Bring me . . .	Tráigame . . .
a cup of coffee	una taza de café
a cup of tea	una taza de té
a napkin	una servilleta
a spoon	una cuchara
a teaspoon	una cucharilla
a fork	un tenedor
a knife	un cuchillo
a plate	un plato
a glass	un vaso
I would like . . .	Quisiera . . .
a bottle of wine	una botella de vino
a bottle of red wine	una botella de vino tinto
a bottle of white wine	una botella de vino blanco
another bottle of wine	otra botella de vino
a little more of this	un poco más de esto
a little more bread	un poco más de pan
a little more meat	un poco más de carne
The check, please.	La cuenta, por favor.

D. VOCABULARIO

comedy	comedia
constant	constante
contrary	contrario

desire	deseo
long	largo
north	norte
organ	órgano
simple	simple
vendor	vendedor

PRUEBA 4

1. *fish*	a. carne
2. *water*	b. papas, patatas
3. *vegetables*	c. agua
4. *I need soap.*	d. ¿Qué desea usted?
5. *The check, please.*	e. huevos
6. *breakfast*	f. pollo
7. *a spoon*	g. pescado
8. *coffee*	h. una botella de vino
9. *What will you have?*	i. Necesito jabón.
10. *dessert*	j. Tráigame un poco de pan.
11. *meat*	k. café
12. *a knife*	l. azúcar
13. *eggs*	m. legumbres
14. *Bring me some bread.*	n. una taza de té
15. *chicken*	o. un poco más de pan
16. *a cup of tea*	p. un cuchillo
17. *a little more bread*	q. postre
18. *sugar*	r. desayuno
19. *a bottle of wine*	s. una cuchara
20. *potatoes*	t. La cuenta, por favor.

RESPUESTAS

1—g; 2—c; 3—m; 4—i; 5—t; 6—r; 7—s; 8—k; 9—d; 10—q; 11—a; 12—p; 13—e; 14—j; 15—f; 16—n; 17—o; 18—l; 19—h; 20—b

LECCIÓN 9

Esta lección y varias de las siguientes son más largas que las otras. Contienen la información gramatical que usted necesita saber desde el principio. No trate de aprender de memoria las indicaciones. Lea cada sección hasta que comprenda cada punto, y continuando el curso, procure observar ejemplos de los puntos mencionados. Consulte las secciones gramaticales tan a menudo como sea necesario. De este modo, usted se dará cuenta que ha adquirido una buena comprensión de las bases principales de la gramática inglesa sin aprender de memoria "las reglas." Después de haber estudiado estas cuarenta lecciones, usted debe fijarse en la última parte titulada "Sumario de la gramática inglesa" donde encontrará más detalles sobre estas reglas que para entonces le serán fáciles de comprender.

A.   Hablar: *To Speak*

I speak	yo hablo
you speak	tú hablas; usted habla
he speaks	él habla
she speaks	ella habla
it speaks[1]	habla
one speaks	uno habla; se habla
we speak	nosotros (nosotras) hablamos
you speak	ustedes hablan; vosotros (-as) habláis
they speak	ellos (ellas) hablan

[1] *It* no tiene traducción al español. Se aplica a cosas y animales, y se usa también en expresiones impersonales:

     it is raining   llueve

Unos ejemplos:

He speaks English.	Él habla inglés.
We speak Spanish.	Hablamos español.
She's speaking.	Ella está hablando.
They speak well.	Ellos hablan bien.

NOTAS

a. "Tú" no existe en el inglés hablado. *You* se usa siempre en el singular y plural para traducir: tú, usted, vosotros o ustedes.

b. Los sujetos *I, you, he, we*, etc., nunca se omiten, siempre debe decirse *he speaks, we speak, etc.*

c. Los pronombres demuestran el sexo del sujeto solamente en los de la tercera persona del singular.

   We speak: nosotros hablamos, nosotras hablamos.
   He speaks: él habla; *she speaks:* ella habla.

d. Note que el verbo inglés, en el presente, tiene solamente dos terminaciones: una de ellas con *-s* para la tercera persona del singular *(he speaks)* y la otra sin *-s* para las otras personas *(I speak, you speak, etc.).*

e. Las formas de los verbos que en español terminan en *-ando* o *-iendo* expresan siempre una acción que se ejecuta. En inglés esta forma se traduce por la terminación *-ing* la cual se utiliza con mayor frecuencia y no sólo para indicar la continuación de una acción, sino también para enfocar la atención sobre la acción misma.

Ejemplos:

He's speaking.	Él habla (Él está hablando).
What are you doing?	¿Qué haces (estás haciendo)?

What is he saying?	¿Qué dice él (está diciendo)?
He's opening the door.	Está abriendo la puerta.

f. La forma sencilla del verbo *(speak, speaks, write, writes)* se usa sólo para indicar leyes naturales *(Birds fly.* Los pájaros vuelan.*)*, verdades aceptadas *(Americans speak English.* Los norteamericanos hablan inglés.*)* y acciones de costumbre *(Every morning I take the train.* Todas las mañanas tomo el tren.*)*.

g. En inglés se antepone la palabra *to* para formar el infinitivo de los verbos

to read	leer
to speak	hablar
to live	vivir

B. COMER: *TO EAT*

I eat	como
you eat	comes
he eats	come
she eats	come
it eats	come
one eats	come
we eat	comemos
you eat	comen; coméis
they eat	comen

Unos ejemplos:

They eat in the restaurant.	Ellos comen en el restaurante.
I'm eating.	Estoy comiendo.
He eats a lot.	Come mucho.

PRUEBA 5

1. *They speak Spanish.*	a. yo como
2. *She is speaking.*	b. nosotros
3. *she*	c. Usted habla.
4. *you*	d. él
5. *I eat*	e. Ellos hablan español.
6. *You speak*	f. tú, usted
7. *he*	g. Él come mucho
8. *We speak.*	h. ella
9. *He eats a lot.*	i. Nosotros hablamos.
10. *we*	j. Ella habla (está hablando).

RESPUESTAS
1—e; 2—j; 3—h; 4—f; 5—a; 6—c; 7—d; 8—i; 9—g;
10—b

C. INTERROGACIÓN

Para hacer una pregunta:

1. Con el verbo *to be* ("ser" o "estar") se antepone el verbo al sujeto

He is Mexican.   Él es mexicano.
Is he Mexican?   ¿Es (él) mexicano?

2. Para los demás verbos se debe usar la forma apropiada del auxiliar *do* con la forma sencilla del verbo: *I do; he (she, it) does; we do; you do; they do.*
Y en el pasado: *did.*

El verbo auxiliar *do* se antepone al sujeto y el orden de las demás palabras no se altera. El auxiliar lleva la terminación de la tercera persona singular-*(e)s* en lugar del verbo.

Do you speak English?	¿Habla (usted) inglés?
Does she eat a lot?	¿Come (ella) mucho?
Did he pay his bill?	¿Pagó su cuenta?

D. Negación

Para el negativo se utiliza la palabra *not* (no).

1. Con el verbo *to be* únicamente se agrega la palabra *not* después del verbo.

He is not here.	No está aquí.

2. Con los demás verbos se utiliza el auxiliar *do, does, did* con la negación *not.* El orden de las demás palabras no se altera.

He does not speak.	Él no habla.
They do not eat it.	Ellos no lo comen.
She did not buy the hat.	Ella no compró el sombrero.

E. Contracciones

En inglés se acostumbra aplicar contracciones entre el sujeto y los verbos *to be, to do, to have,* como por ejemplo: *it's, they're, I've (it is* = ello es; *they are* = ellos son; *I have* = yo tengo).

También se contraen los auxiliares *do, be, have* y otros verbos con la palabra *not: do not = don't; does not = doesn't; is not = isn't; are not = aren't; have not = haven't.*

Estas contracciones siempre se usan en el inglés hablado.

He doesn't speak English.	Él no habla inglés.
They don't want to eat.	No quieren comer.
She isn't ready.	Ella no está lista.
You aren't late.	Usted no está tardío.

F. EL, LA Y UN, UNA

1. El, la, los, las
   En inglés hay solamente un artículo definido para el masculino, femenino y plural: *the*.

the boy	el muchacho
the girl	la muchacha
the boys	los muchachos
the girls	las muchachas

2. Un, una, unos, unas
   El artículo indefinido (un, una, unos, unas) tiene dos formas: la forma *a* se usa antes de palabras que empiezan con consonantes y la forma *an* con palabras que empiezan con vocales o una *h* muda.

a street	una calle
an accident	un accidente
an hour	una hora

A y *an* no tienen plural. Para decir unos y unas se usan las palabras *some, a few* o en otros casos, se omite el artículo.

some girls, girls	unas muchachas
a few days	unos días

G. Plural

1. Para formar el plural se agrega *-s.*

book, books	libro, libros
girl, girls	muchacha, muchachas

2. Los nombres que terminan con *-y* después de una consonante cambian la *-y* por una *-i* y se agrega *-es:*

salary, salaries	sueldo, sueldos
remedy, remedies	remedio, remedios

3. Los nombres que terminan con *-s, -x, -sh, -ch* y algunos con *-o* se agrega *-es:*

dress, dresses	vestido, vestidos
bus, buses	autobús, autobuses
brush, brushes	cepillo, cepillos
tax, taxes	impuesto, impuestos
potato, potatoes	papa, papas

4. Los nombres que terminan con *-f* cambian la *-f* en *-v* y se agrega *-es:*

half, halves	mitad, mitades
wharf, wharves	muelle, muelles

5. Hay unos plurales completamente irregulares:

man, men	hombre, hombres
woman, women	mujer, mujeres
tooth, teeth	diente, dientes
foot, feet	pie, pies
child, children	niño, niños
mouse, mice	ratón, ratones

H. ADJETIVOS

1. En inglés el adjetivo es siempre invariable para el masculino, femenino o plural:

a tall boy	un muchacho alto
some tall boys	unos muchachos altos
a tall girl	una muchacha alta
some tall girls	unas muchachas altas

2. El adjetivo siempre se antepone al nombre:

a big house	una casa grande
a blue coat	un abrigo azul

I. POSESIVOS

1. Generalmente se agrega un apóstrofe y una -s a los
sustantivos para indicar posesión:

John's book	el libro de Juan
women's clothes	ropa de mujeres
the horse's head	la cabeza del caballo

2. Cuando el sustantivo termina en -s generalmente se
agrega solamente el apóstrofe.

teachers' room	sala de maestros

RECONOCIMIENTO 1

1. *Good____b____* (tardes), *Mrs. Jones.*
   - a. *morning*
   - b. *afternoon*
   - c. *thank you*

2. *Can you tell me _____ (dónde) the post office is?*
   a. *where*
   b. *good*
   c. *there*

3. _____ *(Tráigame) some bread.*
   a. *Speak*
   b. *Buy me*
   c. *Bring me*

4. *a cup of _____ (té)*
   a. *sugar*
   b. *wine*
   c. *tea*

5. *a little _____ (más) meat*
   a. *more*
   b. *cup*
   c. *another*

6. *Tomorrow is _____ (sábado).*
   a. *Monday*
   b. *Saturday*
   c. *Thursday*

7. _____ *(Necesito) a pencil.*
   a. *Bring me*
   b. *I would like*
   c. *I need*

8. _____ *(Cómo) are you?*
   a. *Why*
   b. *How*
   c. *What*

9. *Good_____ (días), Miss Jones.*
   a. *night*
   b. *morning*
   c. *afternoon*

10. *I would like a bottle of _____ (vino).*
    a. *milk*
    b. *wine*
    c. *water*

RESPUESTAS
1—b; 2—a; 3—c; 4—c; 5—a; 6—b; 7—c; 8—b; 9—b;
10—b

LECCIÓN 10

A. LE PRESENTO A . . .

Good morning.	Buenos días.
Good morning, Mr. Jones.	Buenos días, señor Jones.
How are you?	¿Cómo está usted?
Very well, thanks.	Muy bien, gracias.
How are you?	¿Cómo está usted?
Are you from South America?	¿Es usted de Sudamérica?
Are you from Central America?	¿Es usted de Centroamérica?
Are you from Mexico?	¿Es usted de México?
Are you from Spain?	¿Es usted de España?
Yes, I am.	Sí, señor. (Yo soy.)
Do you speak English?	¿Habla usted inglés?
A little.	Un poco.
May I introduce you to my friend	Quiero presentarle a mi amiga
Miss[1] Blake	la señorita Blake
May I introduce my friend Miss[1] Blake?	Le presento a mi amiga, la señorita Blake.
very pleased	mucho gusto (muy contento)
to meet you	en conocerla (en conocerlo).
Very pleased to meet you.	Mucho gusto en conocerla (en conocerlo).
It's nice to meet you too.	Igualmente.

[1] Ms. (miz) se usa para saludar a una mujer sin indicar su estado civil.

let me	permita usted
introduce myself	que me presente
John Wallace	John Wallace
May I introduce myself?	Permita usted que me presente.
I'm John Wallace.	Soy John Wallace (para servirle).
let me introduce you to my friend	permítame presentarle a mi amigo
Let me introduce you to my friend, Dr. Logan.	Permítame presentarle a mi amigo, el doctor Logan.
I'm very glad to meet you	mucho gusto en conocerle
I'm very glad to meet you, Dr. Logan.	Mucho gusto en conocerle, Dr. Logan.
It's nice to meet you too.	El gusto es mío.

B.   HE TENIDO UN VERDADERO GUSTO

it's been *(it has been)*	he tenido
a real	un verdadero
pleasure	gusto
It's been a real pleasure.	He tenido un verdadero gusto.
the pleasure	el gusto
was mine	ha sido mío
The pleasure was mine.	El gusto ha sido mío.
Good-bye.	Adiós.
See you soon.	Hasta luego.
Good-bye. See you soon.	Adiós. Hasta la vista.
See you later.	Hasta luego.
So long.	Hasta luego.
Good night.	Buenas noches.
See you tomorrow.	Hasta mañana.

C.   ¿QUÉ TAL?

Hello, Robert!	¡Hola, Roberto!
Hi, John!	¡Hola, Juan!

How's it going?	¿Qué tal?
How are things?	¿Qué tal?
Fine. And how are you?	Bien. ¿Y tú?
What's	qué hay
new	(de) nuevo
What's new?	¿Qué hay (de) nuevo?
nothing	nada
in particular	en particular
Nothing in particular.	Nada en particular.
nothing	poca (nada)
much	cosa (mucho)
Nothing much.	Poca cosa.

PRUEBA 6

1. *Nothing in particular.*
2. *Let me introduce you to my friend.*
3. *See you soon.*
4. *Hello, John!*
5. *Very pleased to meet you.*
6. *How's it going?*
7. *Hi.*
8. *to meet you*
9. *new*
10. *So long.*

a. ¿Qué tal?
b. Hasta luego.
c. Hola.
d. ¡Hola, Juan!
e. Nada en particular.
f. Permítame presentarle a mi amigo.
g. Hasta la vista.
h. nuevo
i. Mucho gusto en conocerle.
j. conocerle

RESPUESTAS

1—e; 2—f; 3—g; 4—d; 5—i; 6—a; 7—c; 8—j; 9—h; 10—b

D. SER Y ESTAR

En inglés hay solamente un verbo que expresa "ser" o "estar,"
el verbo *to be*.

I am	yo soy (estoy)
you are	tú eres (estás), usted es (está)
he is	él es (está)
she is	ella es (está)
it is	(ello) es (está)
we are	nosotros[-as] somos (estamos)
you are	ustedes son (están), vosotros[-as] sois (estáis)
they are	ellos [ellas] son (están)

Ahora el mismo verbo *to be* con contracciones entre el
sujeto y el verbo. Eschuche y repita.

I'm	yo soy (estoy)
you're	tú eres (estás), usted es (está)
he's	él es (está)
she's	ella es (está)
it's	(ello) es (está)
we're	nosotros[-as] somos (estamos)
you're	ustedes son (están); vosotros[-as] sois (estáis)
they're	ellos [ellas] son (están)

Como ha visto, estas contracciones se usan con frecuencia
en el inglés hablado.

John's eating.	Juan está comiendo. Juan come.
He's speaking.	Él está hablando. Él habla.
Maria's buying it.	María lo está comprando.
She's here.	Ella está aquí.
He is a doctor.[1]	Él es médico.

[1] El inglés requiere el artículo indefinido *a* con los oficios y profesiones:
She is a nurse. (Ella es enfermera.)

She is a doctor.	Ella es médica.
He is an American.	Es americano.
She is young.	Ella es joven.
She is intelligent.	Es inteligente.
Where are you from?	¿De dónde es usted?
I am from Texas.	Soy de Tejas.
He's from Cuba.	Él es de Cuba.
Is it made of wood?	¿Es de madera?
It's late.	Es tarde.
It's early.	Es temprano.
It's one o'clock.	Es la una.
It's necessary.	Es necesario.
It's a pity.	Es una lástima.
It's too bad.	Es una lástima.
He's in England.	Él está en Inglaterra.
Where's the book?	¿Dónde está el libro?
It's on the table.	Está sobre la mesa.
I'm tired.	Estoy cansado(-a).
I'm ready.	Estoy listo(-a).
The coffee is cold.	El café está frío.
It's clear.	Es claro.
It's obvious.	Es obvio.
The window is open.	La ventana está abierta.
The window is closed.	La ventana está cerrada.
I'm twenty.[1]	Tengo veinte años.
He's cold.	Él tiene frío.
He's right.	Él tiene razón.
She's afraid.	Ella tiene miedo.
I'm hungry.	Tengo hambre.
I'm thirsty.	Tengo sed.

[1] Hay una serie de expresiones, como las que aparecen aquí, con las cuales se usa el verbo *to be* en vez del verbo *to have* (tener) que se usa en español.

PRUEBA 7

1. *The window is open.*	a. Él es inteligente.
2. *Where are you from?*	b. Es lástima.
3. *they are*	c. Ella es médica.
4. *She's a doctor.*	d. yo soy
5. *It's early.*	e. Es la una.
6. *She's an American.*	f. nosotros somos
7. *He's intelligent.*	g. Es de madera.
8. *It's a pity.*	h. ¿De dónde es usted?
9. *I'm*	i. Tengo veinte años.
10. *It's one o' clock.*	j. Es temprano.
11. *It's made of wood.*	k. Estoy cansado.
12. *we are*	l. ellos están
13. *I'm twenty.*	m. La ventana está abierta.
14. *I'm tired.*	n. Es tarde.
15. *It's late.*	o. Ella es americana.

RESPUESTAS

1—m; 2—h; 3—l; 4—c; 5—j; 6—o; 7—a; 8—b; 9—d;
10—e; 11—g; 12—f; 13—i; 14—k; 15—n

E. Es ... Está

It is ...	Es ... Está ...
It's true.	Es verdad.
It's all right.	Está bien.
It's not all right.	No está bien.
It's like this.	Es así.
It's bad.	Es malo(a).
It's very bad.	Es muy malo(a).
It's certain.	Es cierto.
It's big.	Es grande.
It's small.	Es pequeño(a).
It's expensive.	Es caro(a).

It's cheap.	Es barato(a).
It's near.	Está cerca.
It's far.	Está lejos.
It's difficult.	Es difícil.
It's easy.	Es fácil.
It's too much.	Es demasiado.
It's too little.	Es demasiado poco.
It's very little.	Es muy poco.
It's a lot.	Es mucho.
It's enough.	Es bastante.
It's not enough.	No es bastante.
It's here.	Está aquí.
It's there.	Está allí.
It's for you.	Es para usted.

PRUEBA 8

1. *It's enough.*	a. Es mucho.
2. *It's true.*	b. Es fácil.
3. *It's all right.*	c. Está cerca.
4. *It's near.*	d. Es bastante.
5. *It's cheap.*	e. Es para usted.
6. *It's for you.*	f. Está bien.
7. *It's here.*	g. Es pequeño.
8. *It's small.*	h. Es verdad.
9. *It's easy.*	i. Es barato.
10. *It's a lot.*	j. Está aquí.

RESPUESTAS
1—d; 2—h; 3—f; 4—c; 5—i; 6—e; 7—j; 8—g; 9—b;
10—a

LECCIÓN 11

A. TENER: *To Have*

1. yo tengo

I have	yo tengo
you have	tú tienes, usted tiene
he has, she has	él tiene, ella tiene
we have	nosotros(-as) tenemos
you have	vosotros(-as) tenéis, ustedes tienen
they have	ellos tienen, ellas tienen

2. yo no tengo

I don't have	yo no tengo
you don't have	tú no tienes, usted no tiene
she doesn't have	ella no tiene
we don't have	nosotros(-as) no tenemos
you don't have	vosotros(-as) no tenéis, ustedes no tienen
they don't have	ellos (ellas) no tienen

3. Unos ejemplos:

I have this.	Tengo esto.
I have nothing.	No tengo nada.
I have money.	Tengo dinero.
I have enough money.	Tengo suficiente dinero.
I don't have enough money.	No tengo suficiente dinero.
I have time.	Tengo tiempo.

I have enough time.	Tengo suficiente tiempo.
He does not have any friends.	No tiene amigos.
They don't have any cigarettes.	No tienen cigarrillos.
I have a toothache.	Tengo dolor de muelas.
She has a headache.	Tiene dolor de cabeza.

4. ¿tengo yo . . . ?

Do I have . . . ?	¿Tengo yo . . . ?
Do you have . . . ?	¿Tienes tú . . . ? (¿tiene usted?)
Does he have . . . ?	¿Tiene él . . . ?
Do we have . . . ?	¿Tenemos nosotros(-as) . . . ?
Do you have . . . ?	¿Tenéis vosotros(-as) . . . ? (¿tienen ustedes?)
Do they have . . . ?	¿Tienen ellos (ellas) . . . ?

5. ¿No tengo yo?

Don't I have?	¿No tengo yo?
Don't you have?	¿No tienes tú?, ¿No tiene usted?
Doesn't she have?	¿No tiene ella?
Don't we have?	¿No tenemos nosotros(-as)?
Don't you have?	¿No tenéis vosotros(-as)?, ¿no tienen ustedes?
Don't they have?	¿No tienen ellos (ellas)?

6. Unos ejemplos:

Does he have any money?	¿Tiene (él) dinero?
Does he have enough money?	¿Tiene (él) suficiente dinero?
Does she have any friends in Barcelona?	¿Tiene (ella) amigos en Barcelona?

Do you have a pencil?	¿Tiene usted un lápiz?
Do you have a stamp?	¿Tiene usted un sello de correo?
Do you have any paper?	¿Tiene usted papel?
Do they have any cigarettes?	¿Tienen (ellos) cigarrillos?
Do you have a match?	¿Tiene usted fósforos?
How many of them do you have?	¿Cuántos de ellos tiene usted?
Do you have time to talk to me?	¿Tiene usted tiempo para hablar conmigo?
Doesn't he have any money?	¿No tiene él dinero?
Doesn't she have friends in Barcelona?	¿No tiene ella amigos en Barcelona?
Don't you have a pencil?	¿No tiene usted un lapiz?
Don't you have any cigarettes?	¿No tiene usted cigarrillos?
Don't they have any time?	¿No tienen ellos tiempo?

B. EN EL AEROPUERTO

May I have your passport, please?	¿Me da su pasaporte, por favor?
Do you have anything to declare?	¿Tiene algo que declarar?
No, I have nothing to declare.	No, no tengo nada que declarar.
Do I have to pay duty?	¿Tengo que pagar impuestos?
How many suitcases do you have?	¿Cuántas maletas tiene?
I have one suitcase.	Tengo una maleta.
She has two suitcases.	Ella tiene dos maletas.
Have a nice stay!	¡Buena estadía!

C. Vocabulario

chain	cadena
complete	completo
cream	crema
eternal	eterno
fountain	fuente
letter	carta
officer	oficial
system	sistema

LECCIÓN 12

A. Solo Sé un Poco de Inglés

Do you speak English?	¿Habla usted inglés?
Yes, a little.	Sí, un poco.
Very little.	Muy poco.
Not very well.	No muy bien.
I speak English.	Hablo inglés.
No, I don't speak English.	No, no hablo inglés.
I don't speak it very well.	No lo hablo muy bien.
I know only a few words.	Sólo sé unas cuantas palabras.
I can say a few words in English.	Sé decir algunas palabras en inglés.
Does your friend speak English?	¿Habla inglés su amigo(a)?
No, my friend doesn't speak English.	No, mi amigo no habla inglés.
Do you understand English?	¿Entiende usted el inglés?
Yes, I understand English.	Sí, entiendo inglés.
I understand it, but I don't speak it.	Lo entiendo, pero no lo hablo.
I read it, but I don't speak it.	Lo leo, pero no lo hablo.

No, I don't understand English.	No, no entiendo inglés.
I don't understand English very well.	No entiendo muy bien el inglés.
I don't pronounce it very well.	No lo pronuncio muy bien.
I need practice.	Necesito práctica.
Do you understand me?	¿Me entiende usted?
I understand you.	Le entiendo.
I don't understand you very well.	No le entiendo muy bien.
What did you say?	¿Qué dijo usted?
You speak too quickly.	Usted habla muy rápido.
Please don't speak so quickly.	No hable tan rápido, por favor.
Speak more slowly.	Hable más despacio.
Please speak a little more slowly.	Tenga la bondad de hablar más despacio.
Excuse me, but I don't understand.	Perdone, pero no comprendo.
Please say it again.	Repítamelo.
Do you understand me now?	¿Me entiende ahora?
Oh, now I understand.	Ah, ya entiendo.
What does that mean in English?	¿Qué quiere decir eso en inglés?
How do you say this in English?	¿Cómo se dice esto en inglés?
How do you spell that word?	¿Cómo se deletrea esa palabra?
Please write it down for me.	Escríbamelo, por favor.

B.   ¿Habla Usted Inglés?

Good morning, sir.	Buenos días, señor.
Good morning.	Buenos días.

Do you speak English?	¿Habla usted inglés?
I speak a little English.	Hablo un poco de inglés.
I can understand.	Puedo comprender.
No, I don't speak English.	No, no hablo inglés.
Are you American?	¿Es usted norteamericano?
Yes, I'm an American.	Sí, soy norteamericano.
How long have you been in the United States?	¿Cuánto tiempo lleva usted en los Estados Unidos?
Three months.	Tres meses.
You'll soon learn English.	Aprenderá inglés en poco tiempo.
It's not very hard.	No es muy difícil.
It's easy.	Es fácil.
It's harder than you think.	Es más difícil de lo que usted piensa.
You're probably right.	Quizás tenga usted razón.
You speak English very well.	Usted habla muy bien el inglés.
I lived in Chicago for several years.	Viví en Chicago por varios años.
You have a very good accent.	Tiene una pronunciación muy buena.
Thank you. I need practice, though.	Muchas gracias. Sin embargo, necesito práctica.
I have to leave now.	Tendré que marcharme.
My train is about to leave.	Va a salir mi tren.
I have an appointment.	Tengo una cita.
Good luck, and have a pleasant trip.	Buena suerte y buen viaje.
The same to you.	Lo mismo le deseo a usted.
Good-bye.	Adiós.

PRUEBA 9

1. *Do you speak English?* a. Lo entiendo, pero no lo hablo.

2. *I need practice.*   b. ¿Me entiende ahora?

3. *a little*   c. No lo hablo muy bien.

4. *What did you say?*   d. Usted habla muy de prisa.

5. *Please say it again.*   e. ¿Cómo se deletrea esa palabra?

6. *not very well*   f. ¿Habla usted inglés?

7. *I don't understand you very well.*   g. Necesito práctica.

8. *I understand it, but I don't speak it.*   h. un poco

9. *Speak more slowly.*   i. Repítamelo, por favor.

10. *I don't speak it very well.*   j. no muy bien.

11. *How do you say this in English?*   k. Hable más despacio.

12. *You speak too quickly.*   l. No lo hablo.

13. *Do you understand me now?*   m. ¿Qué dijo usted?

14. *How do you spell that word?*   n. ¿Cómo se dice esto en inglés?

15. *I don't speak it.*   o. No le entiende muy bien.

RESPUESTAS

1—f; 2—g; 3—h; 4—m; 5—i; 6—j; 7—o; 8—a; 9—k; 10—c; 11—n; 12—d; 13—b; 14—e; 15—l

C. DISPENSE UD. Y GRACIAS

Excuse me.	Dispense usted. (Con permiso.)
Pardon me.	Discúlpeme.
I beg your pardon.	Perdone usted.
Please repeat it.	¿Me hace el favor de repetirlo?
Excuse me?	¿Perdón? ¿Cómo?
With pleasure.	Con gusto.

Of course!	¡Por supuesto!
Certainly.	Claro que sí.
Gladly.	Con gusto.
What can I do for you?	¿En qué puedo servirle?
You're very kind.	Usted es muy atento.
It's very kind of you.	Usted es muy amable.
Thanks.	Gracias.
Thanks so much.	Muchas gracias.
Thanks a lot.	Muchísimas gracias.
Thanks very much.	Un millón de gracias.
Don't mention it.	De nada.
You're welcome.	No hay de qué.
It's nothing.	De nada.

D. VOCABULARIO

band	banda
chauffeur	chofer
common	ordinario, común
composition	composición
conscience	conciencia
decoration	decoración
description	descripción
mission	misión
numeral	numeral
region	región

LECCIÓN 13

A. ÉSTE Y ÉSE

Give me this one.	Déme éste (ésta).
Give me these.	Déme éstos (éstas).
Give me that one.	Déme ése (ésa).

Give me those.	Déme ésos (ésas).
this boy	este muchacho
that lady	esa señora
these children	estos niños
those neighbors	esos vecinos
I prefer that one.	Prefiero ése (ésa).
What does this mean?	¿Qué quiere decir esto?
That's it.	Eso es.
That's quite right.	Eso es muy cierto.
Where is that?	¿Dónde está (eso)?
It isn't like that.	No es así.
Like that?	¿Así?
Not like that.	Así no.
I don't like that.	No me gusta eso.
That does not matter.	Eso no importa.
I want that one over there.	Quiero aquél (aquélla).[1]
that table over there	aquella mesa

PRUEBA 10

1. *Give me those.*	a. Déme éstos.
2. *that one over there*	b. este
3. *this lady*	c. No es eso.
4. *this*	d. este muchacho
5. *That's it!*	e. ése
6. *this boy*	f. esos vecinos
7. *Give me these.*	g. Déme ésos.
8. *that one*	h. aquél
9. *those neighbors*	i. esta señora
10. *It isn't that.*	j. ¡Eso es!

[1] No hay en ingles dos maneras de decir *that*, como hay en español un "ese" y un "aquel." Todo se dice *that*, y si uno quiere designar "aquel," dice *that— over there*.

RESPUESTAS

1—g; 2—h; 3—i; 4—b; 5—j; 6—d; 7—a; 8—e; 9—f; 10—c

B. MÁS O MENOS

1. Más

more intelligent	más inteligente
more difficult	más difícil
easier[1]	más fácil
farther	más lejos
nearer	más cerca
more than that	más que eso
better	mejor
worse	peor

2. Menos

less slowly	menos despacio
less difficult	menos difícil
less easy	menos fácil
less far	menos lejos
less near	menos cerca
less than a year	menos de un año
less than that	menos que eso

RECONOCIMIENTO 2

1. _____ (este) boy
   a. *this*
   b. *that*
   c. *those*

---

[1] El comparativo en inglés se forma de dos maneras: 1. Cuando el adjetivo tiene tres sílabas o más, se usa la palabra *more* como "más" en español. 2. Cuando el adjetivo tiene menos de tres sílabas, se añade el sufijo *-er* al adjetivo. En estos casos, si el adjetivo termina en *y*, ésta se convierte en *i* cuando se añade la *-er*. Ejemplo: *easy—easier; busy—busier.*

2. *Give me* _____ (éstos).
   a. *these*
   b. *those*
   c. *that*
3. *You* _____ (habla) *English very well.*
   a. *are*
   b. *speak*
   c. *understand*
4. *It's* _____ (más) *difficult.*
   a. *less*
   b. *far*
   c. *more*
5. *It's* _____ (nada).
   a. *nothing*
   b. *right*
   c. *any*
6. *Do you* _____ (entiende) *English?*
   a. *speak*
   b. *understand*
   c. *have*
7. *It's not* _____ (bastante).
   a. *enough*
   b. *nothing*
   c. *a lot*
8. *The* _____ (gusto) *is mine.*
   a. *time*
   b. *pleasure*
   c. *thing*
9. *The coffee* _____ (está) *cold.*
   a. *is*
   b. *has*
   c. *are*
10. *I don't like* _____ (eso).
    a. *these*
    b. *that*
    c. *there*

C. Y, O, Pero, Sino

1. *and* = y, e

mother and daughter	madre e hija
Robert and John are brothers.	Roberto y Juan son hermanos.

2. *or* = o, u

five or six dollars	cinco o seis dólares
seven or eight months	siete u ocho meses

3. *but* = pero, sino

I want to go, but I can't.	Quiero ir pero no puedo.
He isn't coming today, but tomorrow.	No viene hoy sino mañana.

D. Vocabulario

development	desarrollo
diversion	diversión
liquid	líquido
obligation	obligación
occupation	ocupación
pale	pálido
popular	popular
solid	sólido
theater	teatro
voyage	viaje

PRUEBA 11

1. *five or six dollars*	a. madre e hija
2. *I want to go but I can't.*	b. pero
3. *mother and daughter*	c. Quiero ir pero no puedo.
4. *He is not coming today, but tomorrow.*	d. cinco o seis dólares
5. *but*	e. No viene hoy sino mañana.

RESPUESTAS
1—d; 2—c; 3—a; 4—e; 5—b

LECCIÓN 14

A.   ¿DÓNDE?

Where is it?	¿Dónde está?
Here.	Aquí.
There.	Allí.
To the right.	A la derecha.
To the left.	A la izquierda.
On the corner.	En la esquina.
It's on the main street.[1]	Está en la calle principal.
It's on Washington Square.	Está en la Plaza Washington.
It's on Fifth Avenue.	Está en la Quinta Avenida.
Which way?	¿Por dónde?
This way.	Por aquí.
That way.	Por allí.
How do you get there?	¿Cómo se llega allí?

[1] En inglés hay dos palabras para decir "en": *in* y *on*. La diferencia entre las dos es muy fina: tratando de lugares, el inglés considera la calle una línea y uno vive "sobre" *(on)* la línea. Sólo se dice *in* cuando indica "dentro" de una casa, un valle, una cueva, etc.

Go straight ahead.	Vaya usted derecho.
Turn to your right.	Doble usted a la derecha.
Turn to your left.	Doble usted a la izquierda.
Where's the place you're talking about?	¿Dónde queda ese lugar de que habla?

B. AQUÍ Y ALLÍ

It's here.	Es aquí.
It's right here.	Es aquí mismo.
It's there.	Es allí.
Where's the book?	¿Dónde está el libro?
It's over there.	Está allí.
Where are you?	¿Dónde está usted?
Here I am.	Aquí estoy.
Here he is.	Aquí está.
He's here.	Está aquí.
He's there.	Está allí.
He's somewhere over there.	Está por allí.
Put it here.	Póngalo aquí.
Put it there.	Póngalo allí.
Wait for me here.	Espéreme aquí.
Wait for me there.	Espéreme allí.
Come here.	Venga usted acá.
Here he comes.	Acá viene.
There he goes.	Ahí va.
Go there.	Vaya usted allá.
Way over there.	Allá lejos.
Around here.	Aquí cerca.
Near here.	Aquí cerca.
Over there in Europe.	Allá en Europa.
Here in America.	Aquí en América.
In there.	Allá dentro.
Out there.	Allá fuera.
Where does he live?	¿Dónde vive?
He lives there.	Vive allí.

I expect to see him there.	Espero verlo allí.
She's there.	Ella está allí.
Does John live here?	¿Es aquí dónde vive Juan?
Is this where Mary lives?	¿Es aquí dónde vive María?
This is the place.	Aquí es.
It's not here.	No es aquí.
It's there.	Es allí.
Go this way.	Vaya usted por aquí.
Go that way.	Vaya usted por allí.
Come in this way.	Entre usted por aquí.
Go out that way.	Salga por allí.
What do you have there?	¿Qué tiene usted ahí?
I have the books here.	Tengo aquí los libros.
Are you there?	¿Está usted ahí?
Come here!	¡Venga acá!
Go there.	Vaya allá.
Tomorrow I'm going there.	Mañana voy allá.
They've come from there.	Vienen de allí.
I lived in South America for several years. Have you ever been there?	Viví en Sudamérica por varios años. ¿Ha estado usted allí?

C. Cerca y Lejos

Near here.	Cerca de aquí.
Very near.	Muy cerca.
A few steps from here.	A dos pasos de aquí.
Near the town.	Cerca del pueblo.
Near the park.	Cerca del parque.
Next to the church.	Al lado de la iglesia.
Is it far?	¿Está lejos?
It's very far.	Está muy lejos.
Is it far from here?	¿Está lejos de aquí?
It's not so far.	No está tan lejos.
How far is it from here to there?	¿Qué tan lejos es de aquí a allí?

It's farther.	Es más adelante.
It's a little farther.	Es un poco más adelante.
It's two blocks from here.	Está a dos cuadras de aquí.
It's a mile from here.	Está a una milla de aquí.
It's near.	Está cerca.
It's not very far.	No está muy lejos.
It's near the museum.	Está cerca del museo.
It's next to the museum.	Está al lado del museo.

D. VOCABULARIO

army	militar, ejército
barrier	barrera
character	carácter
curiosity	curiosidad
curious	curioso
degree	grado
dictionary	diccionario
official	oficial
pity	piedad

PRUEBA 12

1. *I expect to see him there.*   a. allá en Europa
2. *in there*   b. Espéreme aquí.
3. *to the left*   c. aquí
4. *It's far.*   d. a la derecha
5. *here*   e. allí
6. *Wait for me here.*   f. Es aquí mismo.
7. *straight ahead*   g. Espero verlo allí.
8. *to the right*   h. a la izquierda
9. *there*   i. Está lejos.
10. *out there*   j. allá dentro
11. *Go that way.*   k. Está por ahí.

12. *It's right here.*   l. Está cerca.
13. *over there in Europe*   m. allá fuera
14. *He's somewhere around*   n. Vaya usted por allí.
    there.
15. *It's near.*   o. directo

RESPUESTAS
1—g; 2—j; 3—h; 4—i; 5—c; 6—b; 7—o; 8—d; 9—e;
10—m; 11—n; 12—f; 13—a; 14—k; 15—l

LECCIÓN 15

A. Yo, Usted, Él, . . .

	SINGULAR
I	yo
you	tú, usted
he	él
she	ella
it	ello

I speak	yo hablo
you speak	tú hablas, usted habla
he speaks	él habla
she speaks	ella habla

	PLURAL
we	nosotros, nosotras
you	vosotros, vosotras, ustedes
they	ellos, ellas

we speak	nosotros hablamos
you speak	vosotros habláis, ustedes hablan
they speak	ellos, ellas hablan

Como ya se ha dicho anteriormente, se usa *you* en inglés para decir "tú," "Ud.," "vosotros," "Uds.," a saber, sin importar el grado de relación que se sostiene con una persona.

B. SOY YO

Las formas en bastardilla entre paréntesis indican lo que es correcto gramaticalmente; las formas en negritas indican lo que se dice en la conversación diaria.

It's me *(I)*.	Soy yo.
It's you.	Eres tú; es usted.
It's him *(he)*.	Es él.
It's her *(she)*.	Es ella.
It's us *(we)*.	Somos nosotros(-as).
It's you.	Sois vosotros(-as); son ustedes.
It's them *(they)*.	Son ellos (ellas).

C. LE HABLA

She speaks to me.	(Ella) me habla.
She speaks to you.	(Ella) te habla; le habla.
She speaks to him.	(Ella) le habla (a él).
He speaks to her.	(Él) le habla (a ella).
She speaks to us.	(Ella) nos habla.
She speaks to you.	(Ella) os habla; les habla.
She speaks to them.	(Ella) les habla (a ellos, ellas).

Note que el pronombre indirecto sigue al verbo en inglés.

D. ME LO DA

He gives it to me.	Me lo da.
He gives it to you.	Te lo da, se lo da.
He gives it to him.	Se lo da (a él).

He gives it to her.   Se lo da (a ella).
He gives them to us.   Nos los da.
He gives them to you.   Os los da; se los da.
He gives them to them.   Se los da.

En inglés el pronombre directo precede al indirecto cuando
los dos aparecen juntos.

E. HABLO DE TI

I'm speaking about you.   Hablo de ti.
You are speaking about me.   Hablas de mí.
He is speaking about her.   Habla de ella.
She is speaking about him.   Habla de él.
We are speaking about you.   Hablamos de ustedes.
You are speaking about us.   Habláis de nosotros(-as).
They are speaking about   Hablan de ellos (ellas).
   them.

F. DÉMELO

Give it to me.   Démelo.
Give it to him.   Déselo (a él).
Give it to her.   Déselo (a ella).
Give them to us.   Dénoslos.
Give them to them.   Déselos.

G. YO ME LAVO

I wash myself.   Yo me lavo.
You wash yourself.   Tú te lavas; usted se lava.
He washes himself.   Él se lava.
She washes herself.   Ella se lava.
It washes itself.   Se lava.
We wash ourselves.   Nosotros nos lavamos.

You wash yourselves.	Vosotros os laváis; ustedes se lavan.
They wash themselves.	Ellos se lavan.
We see ourselves in the mirror.	Nos vemos en el espejo.
I cut myself.	Me corté.

Note las formas *myself, yourself,* etc., para traducir "me," "te," etc., que se usan en los verbos llamados reflexivos *(reflexive verbs)*.

Muchos verbos que son reflexivos en español no lo son en inglés:

I'm having a good time.	Me divierto.
I sit down.	Me siento.
I'm leaving.	Me voy.
It occurs to me.	Se me ocurre.
I forget.	Se me olvida.
I imagine.	Se me figura.
They say that . . .	Se dice que . . .
The food is good here.	Se come bien aquí.
The doors are opened at eight.	Se abren las puertas a las ocho.
They speak English here.	Aquí se habla inglés.

Para expresar reciprocidad entre dos personas se usa la expresión *each other;* para más de dos personas la expresión *one another.* Estas formas corresponden al español "uno a otro" y "unos a otros."

John and Mary are writing to each other.	Juan y María se escriben (uno a otro).
They speak to each other.	Se hablan (uno a otro).
They know one another.	Se conocen (unos a otros).
They saw one another.	Se vieron (unos a otros).

PRUEBA 13

1. *It's me.*	a. Démelo.
2. *I'm leaving.*	b. Me lo da.
3. *I forget.*	c. Hablo de tí.
4. *They say that . . .*	d. Le dijo.
5. *I wash myself.*	e. Soy yo.
6. *I'm speaking about you.*	f. Me lavo.
7. *They write to one another.*	g. Se dice que . . .
8. *She told him.*	h. Se escriben.
9. *He gives it to me.*	i. Se me olvida.
10. *Give it to me.*	j. Me voy.

RESPUESTAS

1—e; 2—j; 3—i; 4—g; 5—f; 6—c; 7—h; 8—d; 9—b; 10—a

H. Mío, Suyo, Nuestro, etc.

1. Estas formas siguientes son iguales en el singular y el plural. En inglés se distingue entre el masculino y feminino solamente con *his* y *her*.

	SINGULAR	PLURAL
my	mi	mis
your	tu	tus
his	su	sus
her	su	sus
its	su	sus
our	nuestro(-a)	nuestros(-as)
your	vuestro(-a); su	vuestros(-as); sus
their	su	sus

2. Estudie los ejemplos siguentes:

my friend   mi amigo
your books   tus libros

his car	su coche (de él)
her hat	su sombrero (de ella)
its tail	su cola
our teachers	nuestros profesores
your room	vuestra habitación; su habitación
their children	sus niños
Where is my brother?	¿Dónde está mi hermano?
Where is your sister?	¿Dónde está tu (su) hermana?
Where is his book?	¿Dónde está su libro?
Where is her father?	¿Dónde está su padre?
Where is its leash?	¿Dónde está su correa?
Where is our news-paper?	¿Dónde está nuestro periódico?
Where is your letter?	¿Dónde está vuestra (su) carta?
Where is their house?	¿Dónde está su casa (de ellos, ellas)?
Where are my brothers?	¿Dónde están mis hermanos?
Where are your sisters?	¿Dónde están sus hermanas (de usted, ustedes)?
Where are his books?	¿Dónde están sus libros (de él)?
Where are its owners?	¿Dónde están sus propietarios?
Where are our news-papers?	¿Dónde están nuestros periódicos?
Where are their letters?	¿Dónde están sus cartas (de ellos, ellas)?

3. Es mío; es el mío.

It's mine	Es mío, es el mío.
It's yours.	Es tuyo; es el tuyo (tuya, suyo).
It's his.	Es suyo(-a); es el suyo (-a).
It's hers.	Es suyo(-a); es el suyo (-a).
It's ours.	Es nuestro(-a); es el nuestro (-a).

It's yours.	Es vuestro(-a); es el vuestro (-a) (suyo) (-a).
It's theirs.	Es suyo(-a); es el suyo (-a).
my friends and yours	mis amigos y los tuyos
His books are better than ours.	Sus libros son mejores que los nuestros.
Whose letter is this?	¿De quién es esta carta?
His.	Suya.
a friend of mine	un amigo mío

RECONOCIMIENTO 3

1. *He told* _____ (les).
   - a. *he*
   - b. *them*
   - c. *I*
2. *It's* _____ (ellos).
   - a. *us*
   - b. *you*
   - c. *them*
3. *Give it* _____ (a él).
   - a. *to him*
   - b. *to you*
   - c. *to it*
4. _____ (su—de ella) *dress*
   - a. *her*
   - b. *my*
   - c. *our*
5. _____ (nuestras) *letters*
   - a. *our*
   - b. *ours*
   - c. *its*
6. *Where are* _____ (mis) *books?*
   - a. *your*
   - b. *my*
   - c. *mine*

7. *His book is better than* _____ (el nuestro).
    a. *yours*
    b. *ours*
    c. *hers*

8. *We are speaking of* _____ (ella).
    a. *you*
    b. *it*
    c. *her*

9. *He told* _____ (nos).
    a. *her*
    b. *us*
    c. *ours*

10. *We see* _____ (nos) *in the mirror.*
    a. *ours*
    b. *ourselves*
    c. *yourself*

11. *They are washing* _____ (se).
    a. *us*
    b. *them*
    c. *themselves*

12. *Put it* _____ (aquí).
    a. *here*
    b. *there*
    c. *over there*

13. *You give* _____ (lo) *to me.*
    a. *you*
    b. *her*
    c. *it*

14. *I cut* _____ (me).
    a. *me*
    b. *mine*
    c. *myself*

15. *It's* _____ (el suyo).
    a. *theirs*
    b. *themselves*
    c. *their*

LECCIÓN 16

A.   ALGUNAS FRASES DE ACCIÓN

Watch out!	¡Cuidado!
Be careful!	¡Tenga cuidado!
Fast!	¡Dése prisa!
Go fast!	¡Vaya de prisa!
Faster.	Más rápido.
Not so fast.	No tan de prisa.
Not very fast.	No muy de prisa.
Slower.	Más despacio.
I'm coming!	¡Ya voy!
I'm coming right away.	Voy en seguida.
Hurry up.	Dése (usted) prisa.
Don't hurry.	No se dé usted prisa.
I'm in a hurry.	Tengo prisa.
I'm not in a hurry.	No tengo prisa.
Just a minute!	¡Un momento!
Right away!	¡Al instante!
Come right away!	¡Venga en seguida!
Soon.	Pronto.
Sooner.	Más pronto.
Immediately!	¡Inmediatamente!
Later.	Más tarde.

PRUEBA 14

1. *Slower.*   a. ¡Cuidado!
2. *Right away!*   b. Tengo prisa.

3. *Come right away!* c. ¡Un momento!
4. *I'm coming!* d. Pronto.
5. *Watch out!* e. ¡Inmediatamente!
6. *Later.* f. Más tarde.
7. *I'm in a hurry.* g. Más despacio.
8. *Just a minute!* h. ¡Ya voy!
9. *Immediately!* i. ¡Venga en seguida!
10. *Soon.* j. ¡Al instante!

RESPUESTAS

1—g; 2—j; 3—i; 4—h; 5—a; 6—f; 7—b; 8—c; 9—e;
10—d

B. ¿PERMÍTAME QUE LE PREGUNTE . . . ?

May I ask you . . . ?	¿Permítame que le pregunte . . . ?
May I ask you a question?	¿Me permite que le haga una pregunta?
Can you tell me?	¿Puede decirme?
Could you tell me?	¿Podría decirme?
Will you tell me?	¿Quiere decirme?
Could you please tell me?	Sírvase decirme.
What do you mean?	¿Qué quiere usted decir?
I mean that . . .	Quiero decir que . . .
What does that mean?	¿Qué quiere decir eso?
This means . . .	Esto quiere decir . . .

C. ¡QUÉ SORPRESA! ¡QUÉ BUENO! ¡QUÉ LÁSTIMA!

What a surprise!	¡Qué sorpresa!
I can't believe it!	¡No puedo creerlo! ¡No lo creo!
Come on *(fam.)*!	¡Vamos!
No way *(fam.)*!	¡Cómo! ¡Qué va!
Of course!	¡Claro! ¡Por supuesto! ¿Cómo no?

How nice!	¡Qué bueno! ¡Qué lindo!
How pretty!	¡Qué bonito!
How wonderful!	¡Qué maravilla!
How beautiful!	¡Qué hermoso!
What a shame!	¡Qué lástima!
How unfortunate!	¡Qué desgracia!
How awful!	¡Qué horror!
Too bad!	¡Ni modo!
How boring!	¡Qué aburrido!
What a drag (*fam.*)!	¡Qué lata!

D. Vocabulario

absolute	absoluto
aspect	aspecto
bar	barra
certain	cierto
combination	combinación
danger	peligro
exchange	cambio, intercambio
manner	manera

LECCIÓN 17

A. Números

1. Uno, dos, tres.

one	uno
two	dos
three	tres

four	cuatro
five	cinco
six	seis
seven	siete
eight	ocho
nine	nueve
ten	diez
eleven	once
twelve	doce
thirteen	trece
fourteen	catorce
fifteen	quince
sixteen	dieciséis
seventeen	diecisiete
eighteen	dieciocho
nineteen	diecinueve
twenty	veinte
twenty-one	veintiuno
twenty-two	veintidós
twenty-three	veintitrés
thirty	treinta
thirty-one	treinta y uno
thirty-two	treinta y dos
thirty-three	treinta y tres
forty	cuarenta
forty-one	cuarenta y uno
forty-two	cuarenta y dos
forty-three	cuarenta y tres
fifty	cincuenta
fifty-one	cincuenta y uno
fifty-two	cincuenta y dos
fifty-three	cincuenta y tres
sixty	sesenta
sixty-one	sesenta y uno
sixty-two	sesenta y dos
sixty-three	sesenta y tres

seventy	setenta
seventy-one	setenta y uno
seventy-two	setenta y dos
seventy-three	setenta y tres
eighty	ochenta
eighty-one	ochenta y uno
eighty-two	ochenta y dos
eighty-three	ochenta y tres
ninety	noventa
ninety-one	noventa y uno
ninety-two	noventa y dos
ninety-three	noventa y tres
one hundred	ciento (cien)
one hundred one	ciento uno
one hundred two	ciento dos
one hundred three	ciento tres
one thousand	mil
one thousand one	mil uno
one thousand two	mil dos
one thousand three	mil tres

B. Algunos Números Más

one hundred twenty	120
one hundred twenty-two	122
one hundred thirty-nine	139
one hundred forty-three	143
one hundred fifty-eight	158
one hundred sixty-seven	167
one hundred seventy	170
one hundred eighty	180
one hundred ninety	190
one hundred ninety-nine	199
two hundred	200
three hundred twenty-four	324

five hundred seventy	570
one thousand eight hundred seventy-five	1,875

Note que la palabra *hundred* no se pluraliza para modificar un nombre. *One* se usa antes de *hundred* para contar, mientras que *a hundred* se usa en la conversación. Una coma se usa para separar los miles de los cientos.

2. Primero, segundo, tercero.

first	primero
second	segundo
third	tercero
fourth	cuarto
fifth	quinto
sixth	sexto
seventh	séptimo
eighth	octavo
ninth	noveno
tenth	décimo

En inglés estas formas son invariables.

PRUEBA 15

1.	*one thousand two*	a.	1,000
2.	*thirty-two*	b.	11
3.	*one hundred two*	c.	100
4.	*third*	d.	17
5.	*eleven*	e.	cuarto
6.	*one thousand*	f.	20
7.	*sixty*	g.	60
8.	*seventy-one*	h.	tercero
9.	*seventeen*	i.	32

10. *eight hundred* *seventy-five*	j. 102
11. *eighty-three*	k. 875
12. *ninety-three*	l. 71
13. *twenty*	m. 1,002
14. *fourth*	n. 93
15. *one hundred*	o. 83

RESPUESTAS
1—m; 2—i; 3—j; 4—h; 5—b; 6—a; 7—g; 8—l; 9—d;
10—k; 11—o; 12—n; 13—f; 14—e; 15—c

C. ¿CUÁNTO?

How much?	¿Cuánto?
How many?	¿Cuántos?
How much does this cost?	¿Cuánto cuesta esto?
It costs forty cents.	Cuesta cuarenta centavos.
How much is there?	¿Cuánto hay?
How many are there?	¿Cuántos hay?
How much is a pound of coffee?	¿Cuánto cuesta la libra de café?
It costs four dollars a pound.	Cuesta cuatro dólares la libra.

D. CUESTA . . .

It costs . . .	Cuesta . . .
This book costs eight dollars.	Este libro cuesta ocho dólares.
He bought a car for twelve thousand dollars.	Compró un coche por doce mil dólares.
The trip by plane from Mexico City to New York costs two hundred dollars.	El viaje por avión de México a Nueva York cuesta dos cientos dólares.

I've saved a hundred eighty dollars to buy a suit.	He ahorrado ciento ochenta dólares para comprarme un traje.
He made one thousand three hundred seventy-five dollars in the month of June.	En el mes de junio ganó mil trescientos setenta y cinco dólares.
It's sold only by the pound, and it costs forty-five cents a pound.	Se vende solamente por libras y cuesta 45 centavos la libra.

LECCIÓN 18

A. Mi Dirección Es . . .

I live at two forty-eight Washington Street.	Yo vivo en el 248 de la calle Washington.[1]
She lives at one forty-four Lincoln Boulevard.	Ella vive en el 144 del Paseo de Lincoln.
The store is at seven-o-four Shakespeare Avenue.	La tienda queda en el 704 de la Avenida Shakespeare.
They moved to three eighty-one Columbus Square.	Se mudaron a la Plaza de Colón, número 381.

B. Mi Número de Teléfono Es . . .[2]

My telephone number is 355-4693 (*three five five-four six nine three*).	Mi número de teléfono es 355-4693.

[1] A veces, los números se dicen *two forty-eight* (dos—cuarenta y ocho) en vez de *two hundred forty-eight* (doscientos cuarenta y ocho).

[2] En inglés, los números de teléfono se dicen cifra por cifra, así: *four, six, nine, three*. También, en vez de decir *zero*, se dice la letra "O," pronunciada "ou": 696-4320 se diría *six-nine six-four, three, two, o*.

Their telephone number is 212-555-7821 (two one two-five five five-seven eight two one).	Su número de teléfono es 212-555-7821.
The area code is 212 *(two one two).*	El prefijo de zona es 212.
Operator, may I have 609-555-6207 *(six o nine-five five five-six two o seven).*	Señorita, tenga la bondad de darme el número 609-555-6207.
The line is busy.	La línea está ocupada.
There's no answer.	No contesta nadie.

C. EL NÚMERO ES ...

The number is ...	El número es ...
My number is ...	Mi número es ...
My room number is 27 *(twenty-seven).*	El número de mi cuarto es el 27.
I live in apartment 27 *(twenty-seven).*	Vivo en el apartamento número 27.
My house number is 405 *(four-o-five).*	El número de mi casa es el cuatrocientos cinco.
I live at four nineteen Fourth Avenue, fifth floor.	Vivo en el quinto piso del 419 de la Cuarta Avenida.

D. ¿QUÉ DÍA DE LA SEMANA ES HOY?

What day is today?	¿Qué día es hoy?
What's today?	¿Qué día es hoy?
What day of the week is today?	¿Qué día de la semana es hoy?
Monday.	Lunes.
What's the date today?	¿A cómo estamos hoy?
It's the twentieth.	Estamos a veinte.
the first of May	el primero de mayo

April eleventh	el once de abril
the fourth of July	el cuatro de julio
September fifteenth	el quince de septiembre
the twenty-second of June	el veintidós de junio
the twenty-fifth of December	el veinticinco de diciembre
the seventeenth of November	el diecisiete de noviembre
February thirteenth	el trece de febrero
the twenty-eighth of August	el veintiocho de agosto

En inglés, siempre se usa los números ordinales para expresar las fechas. Acuérdese también que los meses del año siempre se escriben con mayúsculas.

E. ALGUNAS FECHAS

America was discovered in 1492 *(fourteen ninety-two).*	América fue descubierta en 1492.
Shakespeare and Cervantes both died in 1616 *(sixteen sixteen.)*	Shakespeare y Cervantes murieron en 1616.
His father died in 1983 (nineteen eighty-three).	Su padre murió en 1983.
We were there in 1992 or 1991 (nineteen ninety-two or nineteen ninety-one).	Estuvimos allí en 1992 o 1991.
What happened in 1989 *(nineteen eighty-nine)?*	¿Qué sucedió en 1989?
The Berlin Wall fell in 1989.	Cayó la muralla de Berlín en 1989.

Los años se expresan en grupos de dos cifras, así: 1492, 14-92 *(fourteen ninety-two,* catorce-noventa y dos).

PRUEBA 16

1. *June twenty-eighth*   a. Es lunes.
2. *the twentieth of February*   b. ¿A cómo estamos?
3. *the thirteenth of August*   c. el primero de julio
4. *sixteen fifteen*   d. ¿Qué día de la semana
                                    es hoy?
5. *It's Monday.*   e. el once de abril
6. *What's today?*   f. el veinte de febrero
7. *It's the fifth.*   g. el veintiocho de junio
8. *July first*   h. 1615
9. *the eleventh of April*   i. el trece de agosto
10. *What's the date?*   j. Estamos a cinco.

RESPUESTAS
1—g; 2—f; 3—i; 4—h; 5—a; 6—d; 7—j; 8—c; 9—e;
10—b

LECCIÓN 19

A. ¿Qué Hora Es?

What time is it?	¿Qué hora es?
Can you please tell me the time?	¿Tiene usted la bondad de decirme la hora?
What time do you have?	¿Qué hora tiene usted?
It's one o'clock.	Es la una.
It's five past one.	Es la una y cinco.
It's ten past one.	Es la una y diez.
It's a quarter past one.	Es la una y cuarto.
It's one-fifteen.	Es la una y quince.
It's one-twenty.	Es la una y veinte.
It's one-twenty-five.	Es la una y veinticinco.
It's one-thirty.	Es la una y treinta.
It's half past one.	Es la una y media.
It's one-thirty-five.	Es la una y treinta y cinco.

It's twenty to two. **It's twenty of two.**	Son las dos menos veinte.
It's a quarter to two. **It's a quarter of two.**	Son las dos menos cuarto.
It's ten to two. **It's ten of two.**	Son las dos menos diez.
It's five to two. **It's five of two.**	Son las dos menos cinco.
It's two o'clock.	Son las dos.
It's three o'clock.	Son las tres.
It's 4 A.M.	Son las cuatro de la mañana.
It's 5 P.M.	Son las cinco de la tarde.
It's 10 P.M.	Son las diez de la noche.
It's twelve o'clock.	Son las doce.
It's noon.	Es mediodía.
It's midnight.	Es medianoche.
It's five o'clock by my watch.	Mi reloj marca las cinco.

Siempre se dice *it's;* no importa que sea la una, las dos o las diez, etc.

It's three twenty-five.	Son las tres y veinticinco.
It's ten to three.	Son las tres menos diez.
It's a quarter to eleven.	Son las once menos cuarto.
It's not four yet.	No son todavía las cuarto.
It's almost eight.	Son casi las ocho.
It's only half past nine.	Son solamente las nueve y media.
minute	minuto
second	segundo
hour	hora

B. ¿A Qué Hora?

At what time?	¿A qué hora?
About ten.	Cerca de las diez.

After twelve.	Después de las doce.
We'll be there about nine-thirty.	Llegaremos cerca de las nueve y media.
He'll be back at half past two.	Volverá a las dos y media.
I'll see you there about eight-fifteen.	Le veré allí cerca de las ocho y cuarto.
We'll meet at six-thirty.	Nos encontraremos a las seis y media.
I'm going out at a quarter to five.	Saldré a las cinco menos cuarto.
Come between nine and ten.	Venga entre las nueve y las diez.
She'll come at six in the evening.	Vendrá a las seis de la tarde.
The train arrives at midnight.	El tren llega a medianoche.
The plane leaves at nine-forty.	El avión sale a las nueve y cuarenta.

C. Es Hora ...

It's time.	Es hora.
It's time to do it.	Es hora de hacerlo.
It's time to leave.	Es hora de partir.
It's time for us to go home.	Es hora de irnos a casa.
I have a lot of time.	Tengo mucho tiempo.
I don't have any time.	No tengo tiempo.
He's wasting his time.	Está perdiendo su tiempo.
He comes from time to time.	Viene de vez en cuando.

D. Vocabulario

conclusion	conclusión
condition	condición

consideration	consideración
decision	decisión
person	persona
scene	escena
season	estación
signal	señal

PRUEBA 17

1. *He comes from time to time.*
2. *It's nine o'clock.*
3. *What time?*
4. *It's time to do it.*
5. *It's 2 P.M.*
6. *It's one o'clock.*
7. *I don't have any time.*
8. *It's twenty to three.*
9. *It's noon.*
10. *It's three-thirty.*
11. *It's five past one.*
12. *It's a quarter past four.*
13. *What time is it?*
14. *It's a quarter to one.*
15. *It's midnight.*

a. Es hora de hacerlo.
b. ¿Qué hora es?
c. Es la una.
d. Son las tres y media.
e. Son las nueve.
f. Es medianoche.
g. ¿A qué hora?
h. No tengo tiempo.
i. Es la una menos cuarto.
j. Son las cuatro y cuarto.
k. Son las dos de la tarde.
l. Es mediodía.
m. Viene de vez en cuando.
n. Es la una y cinco.
o. Son las tres menos veinte.

RESPUESTAS

1—m; 2—e; 3—g; 4—a; 5—k; 6—c; 7—h; 8—o; 9—l; 10—d; 11—n; 12—j; 13—b; 14—i; 15—f

LECCIÓN 20

A. PASADO, PRESENTE Y FUTURO

PAST	PRESENT	FUTURE
yesterday	*today*	*tomorrow*
ayer	hoy	mañana
yesterday	*this*	*tomorrow*
morning	*morning*	*morning*
ayer por la	esta mañana	mañana por la
mañana		mañana
last evening	*this evening*	*tomorrow*
ayer por la	esta tarde	*evening*
tarde		mañana por la tarde
last night	*tonight*	*tomorrow night*
anoche	esta noche	mañana por la noche

B. MAÑANA, MEDIODÍA Y NOCHE

this morning	esta mañana
yesterday morning	ayer por la mañana
tomorrow morning	mañana por la mañana
today at noon	hoy a mediodía
yesterday at noon	ayer a mediodía
tomorrow at noon	mañana a mediodía
this evening	esta tarde
yesterday evening	ayer por la tarde
tomorrow evening	mañana por la tarde
tonight	esta noche
last night	anoche
tomorrow night	mañana por la noche

C. ESTA SEMANA, EL MES QUE VIENE, DENTRO DE POCO, ETC.

this week	esta semana
last week	la semana pasada
next week	la semana que viene
in two weeks	dentro de dos semanas
two weeks ago	hace dos semanas
the week before last	la semana antepasada
this month	este mes
last month	el mes pasado
next month	el mes que viene
in two months	dentro de dos meses
two months ago	hace dos meses
the month before last	el mes antepasado
this year	este año
last year	el año pasado
next year	el año que viene
in two years	dentro de dos años
the year after next	el año después del que viene
two years ago	hace dos años
the year before last	el año antepasado
How long ago?	¿Cuánto tiempo hace?
a moment ago	hace un momento
a long time ago	hace mucho tiempo
now	ahora
right now	ahora mismo
for the time being	por ahora
at this moment	en este momento
at any moment	de un momento a otro
in a short time	dentro de un momento
in a little while	dentro de poco
from time to time	de vez en cuando
How many times?	¿Cuántas veces?
once	una vez
each time	cada vez

twice	dos veces
very seldom	rara vez
often	a menudo
very often	muchas veces
sometimes	a veces
once in a while	alguna que otra vez
now and then	de vez en cuando
early in the morning	por la mañana temprano
in the evening	al anochecer
on the following day	al día siguiente
two weeks from today	de hoy en quince días
a week from today	de hoy en ocho días
a week from tomorrow	de mañana en ocho días
next Wednesday	el siguiente miércoles
Monday a week ago	el lunes de la semana pasada
the fifth of this month	el cinco de este mes
the fifth of last month	el cinco del mes pasado
at the beginning of March	a principios de marzo
at the end of the month	a fin de mes
in the early part of the year	a principios de año
towards the end of the year	a fines de año
It happened eight years ago.	Sucedió hace ocho años.

PRUEBA 18

1. *last year*
2. *last night*
3. *today at noon*
4. *now*
5. *in two weeks*
6. *in a little while*
7. *yesterday morning*
8. *from time to time*

a. ayer por la mañana
b. esta tarde
c. mañana por la tarde
d. anoche
e. el mes que viene
f. ahora
g. la semana pasada
h. el año pasado

9. *It happened eight years ago.*
10. *this afternoon*
11. *sometimes*
12. *in a week*
13. *tomorrow afternoon*
14. *next month*
15. *last week*
16. *each time*
17. *about the end of the month*
18. *toward the end of the year*
19. *this week*
20. *two months ago*

i. hoy a mediodía
j. dentro de poco
k. esta semana
l. Sucedió hace ocho años.
m. a fines de año
n. hace dos meses
o. a fines de mes
p. dentro de una semana
q. de vez en cuando
r. a veces
s. dentro de dos semanas
t. cada vez

RESPUESTAS

1—h; 2—d; 3—i; 4—f; 5—s; 6—j; 7—a; 8—q; 9—l; 10—b; 11—r; 12—p; 13—c; 14—e; 15—g; 16—t; 17—o; 18—m; 19—k; 20—n

RECONOCIMIENTO 4

1. *I bought a car for* _____ (cuatro mil) *dollars.*
   a. *three thousand*
   b. *four thousand*
   c. *four hundred*
2. *His telephone number is* _____ (685-8550).
   a. *six eight six, five six nine one*
   b. *six eight seven, eight nine two o*
   c. *six eight five eight five five o*
3. *What's* _____ (hoy)?
   a. *day*
   b. *month*
   c. *today*

4. *This book* _____ (cuesta) *three dollars.*
   a. *is*
   b. *costs*
   c. *has*
5. *The* _____ (17) *of November.*
   a. *seventeenth*
   b. *twenty-seventh*
   c. *fifteenth*
6. *It's* _____ (la una y media).
   a. *one-fifteen*
   b. *ten past one*
   c. *half past one*
7. *It's* _____ (las siete).
   a. *seven o'clock*
   b. *nine o'clock*
   c. *six o'clock*
8. *It's* _____ (mediodía).
   a. *midnight*
   b. *noon*
   c. *eleven*
9. *at* _____ (2:40)
   a. *two-thirty*
   b. *twenty to three*
   c. *a quarter to three*
10. _____ (ayer) *morning*
   a. *today*
   b. *yesterday*
   c. *tomorrow*
11. *last* _____ (semana)
   a. *week*
   b. *night*
   c. *tomorrow*
12. *in two* _____ (meses)
   a. *week*
   b. *day*
   c. *months*

13. *two* _____ (años) *ago*
    a. *months*
    b. *years*
    c. *days*
14. *next* _____ (miércoles)
    a. *Monday*
    b. *Friday*
    c. *Wednesday*
15. *at the* _____ (fin) *of the year*
    a. *end*
    b. *month*
    c. *time*

RESPUESTAS
1—b; 2—c; 3—c; 4—b; 5—a; 6—c; 7—a; 8—b; 9—b;
10—b; 11—a; 12—c; 13—b; 14—c; 15—a

LECCIÓN 21

A. No, Not, Nothing, Not Anything, etc.

Con los verbos, la palabra española *no* se traduce con *not*,
pero no se olvide usar el auxiliar *do, does* para formar frases
negativas. Cuando *do* y *does* se emplean con *not* se combi-
nan así: *do not = don't; does not = doesn't.*

I don't see	no veo
you don't see	usted no ve
he doesn't see	él no ve

Hay dos maneras de expresar *nada* y *nadie:*

    1. Se usan *anything, anybody, anyone* con *don't* o *doesn't.*

2. Se usan *nothing* y *nobody, no one* con una frase afirmativa, porque en inglés no se deben usar dos nega-
tivos en la misma oración.

I don't see anything.	No veo nada.
I see nothing.	No veo nada.
I don't see anybody.	No veo a nadie.
I see nobody.	No veo a nadie.
I don't see anyone.	No veo a nadie.
I see no one.	No veo a nadie.
I never go.	Nunca voy.
Yes, sir.	Sí, señor.
No, sir.	No, señor.
He says yes.	Dice que sí.
He says no.	Dice que no.
I think so.	Creo que sí.
I don't think so.	Creo que no.
It's not good.	No está bien.
It's not bad.	No está mal.
It's not that.	No es eso.
It's not here.	No está aquí.
It's here.	Aquí está.
It's not too much.	No es mucho.
It's not enough.	No es suficiente.
It's enough.	Es bastante.
Not so fast.	No tan de prisa.
Not so often.	No tan a menudo.
That's nothing.	Eso no es nada.
It's not very important.	No es gran cosa.
I have no time.	No tengo tiempo.
I don't know.	No sé.
I don't know how or when.	No sé cómo ni cuándo.
I don't know where.	No sé dónde.
I don't know why.	No sé por qué.
I don't know anything.	No sé nada.
I know nothing about it.	No sé nada de eso.

I don't want anything.	No quiero nada.
It's not important.	No es importante.
It doesn't matter.	No importa.
It makes no difference to me.	No me importa.
I don't care.	No me importa.
It doesn't make any difference to me.	No me importa nada.
Don't say it.	No lo diga.
I don't have anything to say.	No tengo nada que decir.
I have nothing to say.	No tengo nada que decir.
I'll never say it.	Nunca lo diré.
Nothing happened.	No ha pasado nada.
I have nothing to do.	No tengo nada que hacer.
I never see him.	Nunca lo veo.
I've never seen him before.	Nunca lo he visto.
He never comes.	Nunca viene.
He has never come.	Nunca ha venido.
I never go.	Nunca voy.
I'll never go.	Nunca iré.
I did not go.	No fui.
He did not see me.	No me vio.
We did not go with them.	No fuimos con ellos.
I did not meet[1] anybody.	No encontré a nadie.
They did not do anything.	No hicieron nada.
She did not speak to anyone.	No habló ella con nadie.
Do you ever see him?	¿Lo ves alguna vez?
Yes, I often see him.	Sí, lo veo a menudo.
No, I never see him.	No, nunca lo veo.
Have you seen him already?	¿Lo ha visto ya?
No, I have not seen him yet.	No, no lo he visto todavía.

---

[1] *Meet* tiene dos significados: encontrar a una persona, y conocer a una persona. El uso de la palabra en la situación determina qué significado llevará.

B. NOT EVEN

Not even = No . . . ni

I haven't even said a word.
No he dicho ni una palabra.

I don't see even one person.
No veo ni una persona.

She doesn't even have a dollar.
No tiene ni un dólar.

I haven't even eaten bread today.
No he comido ni pan hoy.

C. NEITHER . . . NOR

Neither . . . nor = Ni . . . ni; No . . . ni . . . (ni)

neither more nor less
ni más ni menos

neither the one nor the other
ni el uno ni el otro

neither this nor that
ni esto ni aquello

neither too much nor too little
ni tanto ni tan poco

It's neither too good nor too bad.
No es ni tan bueno ni tan malo.

I neither can nor want to go.
No puedo ni quiero ir.

I have neither the time nor the money.
No tengo ni el tiempo ni el dinero.

He can neither read nor write.
No sabe leer ni escribir.

I don't have any cigarettes or matches.
No tengo ni cigarrillos ni fósforos.

LECCIÓN 22

A. ¿VERDAD?

Observe que en español muchas veces se termina una afirmación o negación con una expresión especial como ¿no es verdad?—¿es verdad?—¿cierto?—¿no es cierto?—etc. En inglés también existen expresiones equivalentes pero en las cuales se usan:

    a. el mismo auxiliar que aparece en la oración:

He hasn't come yet, has he?   No ha venido todavía, ¿verdad?

    b. Si no hay auxiliar, se usa el verbo *do* en el mismo tiempo y en la misma persona que el verbo principal:

He speaks English,   Él habla inglés,
* doesn't he?*   ¿no es verdad?

Nótese que se usa una expresión afirmativa si la frase principal es negativa, y una expresión negativa si la frase principal es afirmativa.

Is it?
¿Verdad?

Isn't it?
¿No es verdad?

English is easy, isn't it?
El inglés es fácil, ¿no es verdad?

The people[1] here are very nice, aren't they?
La gente aquí es muy simpática, ¿no?

You don't have a pencil, do you?
Usted no tiene lápiz, ¿verdad?

You know Mr. Stevenson, don't you?
Usted conoce al Sr. Stevenson, ¿no?

You have a spoon and a napkin, don't you?
Usted tiene una cuchara y servilleta, ¿no es verdad?

You haven't been here very long, have you?
Usted no tiene mucho de estar aquí, ¿verdad?

You will come, won't you?
Usted vendrá, ¿no es verdad?

It's cold, isn't it?
Hace frío, ¿no es verdad?

It's all right, isn't it?
Está bien, ¿no?

He did not call, did he?
No llamó, ¿verdad?

[1] La palabra *people* (gente) siempre lleva el verbo en plural en inglés.

She came, didn't she?
Vino, ¿no es verdad?

He looks like his father, doesn't he?
Se parece a su padre, ¿no es verdad?

B. ALGO, ALGUNAS, NADA

Algo, alguno, algunos se traducen por *some* o *any*. *Some* se
usa en las oraciones afirmativas y *any* en las negativas. Las
dos palabras se pueden usar en oraciones interrogativas.

Do you have any money?
¿Tiene Ud. dinero?

Yes, I have some.
Sí, tengo algo.

No, I don't have any.
No, no tengo nada.

Does he have any friends?
¿Tiene amigos?

Yes, he has some.
Sí, tiene algunos.

some of my friends
algunos de mis amigos

No, he has none.
No, no tiene ninguno.

Do you want some fruit?
¿Quiere Ud. fruta?

Give me some.
Déme unas cuantas.

Give him a few.
Déle algunos.

Give us some.
Dénos unos cuantos.

C. POCO, MUCHO

a little	poco
a lot	mucho
few	pocos
a few	unos, algunos
very little	muy poco
little by little	poco a poco
a little bit more	un poquito más
He doesn't talk much.	No habla mucho.
Do you want a lot of it or a little?	¿Quiere mucho o poco?
I like him a lot.	Él me cae muy bien.

There are few people in the theater.
Hay poca gente en el teatro.

Few books were published this year.
Pocos libros se publicaron este año.

Many were invited; few came; just a few of them remained.
Muchos fueron invitados; pocos vinieron; solamente unos se quedaron.

D. DEMASIADO, BASTANTE, MÁS

too much   demasiado

not too much	no tanto
too cold	demasiado frío
too little	demasiado pequeño
enough	bastante
It's more than enough.	Es más que suficiente.
Do you have enough money?	¿Tiene suficiente dinero?
It's not enough.	No es suficiente.
some more	más
a little more	un poco más
some more bread	un poco más de pan

E. VOCABULARIO

advance	avance
bank	banco
chapter	capítulo
content	contenido
delicious	delicioso
enemy	enemigo
fruit	fruta
million	millón
permanence	permanencia
rich	rico

PRUEBA 19

1. *neither this nor that*   a. No veo.
2. *I have no time.*   b. Un poquito más.
3. *Don't tell it to him.*   c. Nunca lo diré.
4. *Nothing happened.*   d. Déme unas cuantas.
5. *I don't see.*   e. No ve a Juan.
6. *I don't know anything.*   f. Creo que no.
7. *I've never seen him.*   g. no tan de prisa
8. *He doesn't see John.*   h. No sé nada.
9. *I'll never say it.*   i. No veo nada.
10. *He never comes.*   j. Nunca lo he visto.

11. *I see nothing.*	k. No me importa.
12. *Give me a few.*	l. No ha pasado nada.
13. *A little bit more.*	m. Nunca viene.
14. *He's not here.*	n. No está mal.
15. *I don't think so.*	o. pocos libros
16. *It's not bad.*	p. Nadie viene.
17. *I don't care.*	q. ni esto ni aquello
18. *not so fast*	r. No se lo diga.
19. *few books*	s. No está aquí.
20. *No one comes.*	t. No tengo tiempo.

RESPUESTAS

1—q; 2—t; 3—r; 4—l; 5—a; 6—h; 7—j; 8—e; 9—c;
10—m; 11—i; 12—d; 13—b; 14—s; 15—f; 16—n; 17—k;
18—g; 19—o; 20—p

LECCIÓN 23

A. COMO

like me	como yo
like that	como eso
like this	como esto
like us	como nosotros
like the others	como los demás
This one is not like that one.	Este no es como ése.
It's like home.	Es como en casa.
He's not like his father.	No es como su padre.
As you wish	Como usted quiera
as . . . as . . .	tan . . . como . . .
It's as white as snow.	Es tan blanco como la nieve.
He is as tall as his brother.	Él es tan alto como su hermano.

not as . . . as . . .	no . . . tan . . . como . . .
She is not as tall as her sister.	Ella no es tan alta como su hermana.
as much . . . as . . .	tanto . . . como . . .
I don't have as much money as you have.	No tengo tanto dinero como tú.
as long as	todo el tiempo que; hasta que
as little as	tan poco como
how	cómo
what	qué
That's how it is.	Así es.
I don't know how to explain it.	No sé explicarlo.
What does it look like?	¿A qué se parece?
What rain!	¡Qué lluvia!
What did you say? What?	¿Qué dijo? ¿Cómo?
What for?	¿Para qué?
What do you mean?	¿Qué quiere decir?

B. TODO, TODOS

all	todo
all the men	todos los hombres
all day	todo el día
Take all of them.	Tómelos todos.
That's all.	Es todo.
all the same	igual

C. CADA, CADA UNO

every	cada
every woman	cada mujer
every day	cada día
everything	todo
everybody	todos, todo el mundo
everyone	todos

D.   TAMBIÉN, TAMPOCO

also	también
too	también
either	tampoco
She will come also.	Ella vendrá también.
She will come too.	
She won't come either.	Ella tampoco vendrá.
Did he go too?	¿Fue él también?
I don't smoke either.	Yo tampoco fumo.

PRUEBA 20

1. *He's not like his father.*   a. como usted quiera
2. *all day*   b. como los demás
3. *Give him a few.*   c. como esto (así)
4. *That's how it is.*   d. Él es tan alto como su
                                     hermano.
5. *Do you want some fruit?*   e. ¿Fue él también?
6. *as you wish*   f. No es como su padre.
7. *He is as tall as his*   g. todo el día
   brother.
8. *like the others*   h. Déle algunos.
9. *like this*   i. Así es.
10. *Did he go too?*   j. ¿Quiere usted fruta?

RESPUESTAS

1—f; 2—g; 3—h; 4—i; 5—j; 6—a; 7—d; 8—b; 9—c;
10—e

LECCIÓN 24

A.   ¿SE CONOCEN?

Do you know my friend?
¿Conoce usted a mi amigo?

I believe we've met before.
Creo que ya nos hemos conocido.

I don't believe I've had the pleasure.
No creo que haya tenido el gusto.

I haven't had the pleasure of meeting you.
No he tenido el gusto de conocerle.

I think you already know each other, don't you?
Creo que ustedes ya se conocen, ¿verdad?

Of course we know each other.
Claro que nos conocemos.

I haven't had the pleasure.
No he tenido el gusto.

I've already had the pleasure of meeting him.
Ya he tenido el gusto de conocerle.

Allow me to introduce you to my friend, Charles Milton.
Permítame que le presente a mi amigo, Carlos Milton.

B.   ¡Hasta Luego!

Glad to have met you.
Me alegro mucho de concerle.

I'm very happy to have met you.
Mucho gusto en conocerle.

Hope to see you again soon.
Espero volver a verle pronto.

I hope so.
Así lo espero.

Here are my address and telephone number.
Aquí tiene usted mi dirección y mi teléfono.

Do you have my address?
¿Tiene usted mi dirección?

No, let me have it.
No, démela usted.

Here it is.
Aquí la tiene.

Thanks.
Muchas gracias.

When can I phone you?
¿Cuándo puedo llamarle por teléfono?

In the morning.
Por la mañana.

I'll call you the day after tomorrow.
Le llamaré pasado mañana.

I'll be expecting your call.
Esperaré su llamada.

So long.
Hasta pronto.

See you soon.
Hasta la vista.

See you later.
Hasta luego.

See you again.
Hasta pronto.

See you tomorrow.
Hasta mañana.

See you Saturday.
Hasta el sábado.

Good-bye.
Adiós.

PRUEBA 21

1. *Do you have my address?*
2. *See you tomorrow.*
3. *I'll be expecting your call.*
4. *Till Saturday.*

a. Espero volver a verle pronto.
b. Adiós.
c. Me alegro mucho de conocerle.
d. ¿Tiene usted mi dirección?

5. *In the morning.*   e. No he tenido el gusto.
6. *Glad to have met you.*   f. Por la mañana.
7. *Thanks a lot.*   g. Hasta mañana.
8. *Hope to see you again   h. Esperaré su llamada.
   soon.*
9. *I haven't had the   i. Muchas gracias.
   pleasure.*
10. *Good-bye.*   j. Hasta el sábado.

RESPUESTAS

1—d; 2—g; 3—h; 4—j; 5—f; 6—c; 7—i; 8—a; 9—e;
10—b

LECCIÓN 25

A. CONVERSACIÓN SENCILLA

Good morning.
Buenos días.

Good afternoon.
Buenas tardes.

How do you do?
¿Cómo le va?

So-so. And you?
Más o menos. ¿Y usted?

And how are you doing?
¿Y a usted cómo le va?

Fine.
Bien.

What's new?
¿Qué hay de nuevo?

Nothing much.
Nada.

Anything new?
¿Hay algo de nuevo?

There's nothing new.
No hay nada de nuevo.

How's it going?
¿Qué tal?

What's happening with you?
¿Qué (te) pasa?

Where have you been?
¿Donde ha estado?

I've been very busy these days.
He estado muy ocupado estos días.

Give me a call once in a while.
No deje de telefonearme de vez en cuando.

I'll call you one of these days.
Le llamaré por teléfono un día de éstos.

Why don't you come to see us?
¿Por qué no viene a vernos?

I'll stop by next week.
Iré a visitarles la semana que viene.

Now don't forget your promise.
Que no se le olvide lo prometido.

See you next week, then.
Entonces hasta la semana que viene.

See you next week.
Hasta la semana que viene.

B. VOCABULARIO

angle	ángulo
cause	causa
conviction	convicción
distance	distancia
effect	efecto
instant	instante
obscure	oscuro, confuso
proprietor	proprietario
quality	calidad

LECCIÓN 26

A. HACIENDO VISITAS

Does Mr. John Smith live here?
¿Vive aquí el señor John Smith?

Yes, he does.
Sí, aquí vive.

On what floor?
¿En qué piso?

Third floor, on the left.
Tercer piso a la izquierda.

Is Mr. Smith at home?
¿Está en casa el señor Smith?

No, ma'am. He's gone out.
No, señora. Ha salido.

What time will he be back?
¿A qué hora volverá?

I don't know.
Yo no sé.

Do you want to leave him a message?
¿Desea dejarle un recado?

I'll leave him a note.
Le dejaré una nota.

May I borrow a pencil and a piece of paper?
¿Me permite un lápiz y una hoja de papel?

I'll come back later.
Volveré más tarde.

I'll come tonight.
Volveré por la noche.

I'll come back tomorrow.
Volveré mañana.

I'll come back another day.
Volveré otro día.

Please tell him to call me.
Haga el favor de decirle que me llame.

I'll be at home all day.
Estaré en casa todo el día.

PRUEBA 22

1. *I'll be at home all day.*
2. *Do you want to leave him a message?*
3. *I don't know.*
4. *He's gone out.*
5. *What floor?*
6. *Is Mr. Smith home?*
7. *I'll leave him a note.*
8. *Does Mr. John Smith live here?*
9. *third floor on the left*
10. *I'll come back later.*

a. tercer piso, a la izquierda
b. Volveré más tarde.
c. ¿Vive aquí el señor John Smith?
d. Le dejaré una nota.
e. Yo no sé.
f. ¿Desea dejarle un recado?
g. ¿Qué piso?
h. ¿Está en casa el señor Smith?
i. Estaré en casa todo el dia.
j. Ha salido.

RESPUESTAS
1—i; 2—f; 3—e; 4—j; 5—g; 6—h; 7—d; 8—c; 9—a; 10—b

B. Algunas Frases Útiles

1. *to have just* + participio pasado = acabar de + infinitivo

He has just arrived.
Acaba de llegar.

I've just finished my work.
Acabo de terminar mi trabajo.

Bill had just gone out when I arrived.
Bill acababa de salir cuando yo llegué.

   2. *to have to* + infinitivo = tener que + infinitivo

I have to leave.
Tengo que irme.

We have to work to make money.
Tenemos que trabajar para ganar dinero.

Children have to go to school.
Los niños tienen que ir a la escuela.

   3. *to be going to* + infinitivo = ir a + infinitivo

I am going to tell her.
Voy a decirle.

He is going to buy a car.
Va a comprar un coche.

They are going to do it.
Van a hacerlo.

   4. *to be about to* + infinitivo = estar para + infinitivo

I was about to leave when he arrived.
Estaba por salir cuando él llegó.

I am about to answer his letter.
Estoy por contestar su carta.

It's about to rain.
Está por llover.

5. *I'd like to* + infinitivo = quisiera + infinitivo

I'd like to go, but I can't.
Quisiera ir, pero no puedo.

Would you like to sit here?
¿Quisiera Ud. sentarse aquí?

6. *to feel like* + participio presente = tener ganas de +
infinitivo

I feel like having some ice cream.
Tengo ganas de comer helado.

He doesn't feel like going there.
No tiene ganas de ir allí.

C. Vocabulario

ambition	ambición
brilliant	brillante
capital	capital
contact	contacto
department	departamento
mama	mamá
monument	monumento
obstacle	obstáculo
recent	reciente

LECCIÓN 27

A. Buscando Domicilios

Where is this street?
¿Dónde está esta calle?

How do you get to this place?
¿Cómo se llega a este lugar?

Is it very far?
¿Está muy lejos?

What's the shortest way to go to Rochester?
¿Cuál es el camino más corto para ir a Rochester?

Which road should I take?
¿Cuál camino debo tomar?

Can you direct me to Naples Street?
¿Puede dirigirme a la calle Naples?

Is Main Street near here?
¿Está cerca de aquí la calle Main?

Where is there a public phone?
¿Dónde hay un teléfono público?

Where can I phone?
¿Dónde puedo llamar por teléfono?

How many blocks away is the station?
¿Cuántas cuadras hay de aquí a la estación?

How far is the station?
¿A qué distancia está la estación?

Are we still far from the station?
¿Estamos todavía lejos de la estación?

Taxi!
¡Taxi!

Are you available?
¿Está Ud. libre?

Take me to this address.
Lléveme a esta dirección.

How much do I owe you?
¿Cuánto le debo?

Does the bus stop here?
¿Para aquí el autobús?

Is there a subway station around here?
¿Hay una estación de metro por aquí?

At what stop do I get off?
¿En cual parada debo bajar?

PRUEBA 23

1. *How far is the station?*   a. ¿Cuál es el camino más corto para ir a . . . ?

2. *How do you get to this place?*   b. ¿Dónde puedo llamar por teléfono?

3. *Can you direct me to Main Street?*   c. ¿Dónde está esta calle?

4. *Does the bus stop here?*   d. Lléveme a esta dirección.

5. *At what stop do I get off?*   e. ¿A qué distancia está la estación?

6. *Where can I phone?*   f. ¿Hay una estación de metro por aquí?

7. *Where is this street?*   g. ¿Puede usted dirigirme a la calle Mayor?

8. *What's the shortest way to get to . . . ?*   h. ¿En qué parada debo bajar?

9. *Take me to this address.*   i. ¿Cómo se va a este lugar?

10. *Is there a subway station*   j. ¿Para aquí el autobús?
    around here?

RESPUESTAS
1—e; 2—i; 3—g; 4—j; 5—h; 6—b; 7—c; 8—a; 9—d;
10—f

B. Haga el Favor

1. **Please come in.**
   Haga usted el favor de entrar.

   Please carry this.
   Haga el favor de llevar esto.

   Please come.
   Hágame usted el favor de venir.

   Please let me see your papers.
   Permítame que vea sus documentos por favor.

   Will you please call a taxi?
   ¿Me hace el favor de llamar un taxi?

   Please tell me where the station is.
   Dígame dónde queda la estación, por favor.

2. **Excuse me.**
   Discúlpeme.

   Pardon me.
   Perdóneme.

   Excuse my lateness.
   Dispense mi tardío.

Please sit here.
Siéntese aquí, por favor.

Your ticket, please.
Su boleto, por favor.

Please do it as soon as possible.
Favor de hacerlo lo más pronto posible.

Please tell me where the library is.
¿Podría decirme dónde está la biblioteca?

PRUEBA 24

1. *Excuse my lateness.*
2. *Pardon me.*
3. *Please come.*
4. *Please carry this.*
5. *Please tell me where the library is.*
6. *Your ticket, please.*
7. *Will you please call a taxi?*
8. *Please come in.*
9. *Can you please tell me where the station is?*
10. *Please sit here.*

a. Siéntese aquí, por favor.
b. Hágame usted el favor de venir.
c. ¿Me hace usted el favor de llamar un taxi?
d. Dispense mi tardío.
e. Discúlpeme.
f. Haga usted el favor de entrar.
g. Dígame dónde queda la estación, por favor.
h. Haga el favor de llevar esto.
i. Su billete, por favor.
j. ¿Podría decirme dónde está la biblioteca?

RESPUESTAS
1—d; 2—e; 3—b; 4—h; 5—j; 6—i; 7—c; 8—f; 9—g; 10—a

RECONOCIMIENTO 5

1. *Is Mr. Smith at* _____ *(casa)?*
   a. *floor*
   b. *street*
   c. *home*

2. *I want to leave him a* _____ *(recado).*
   a. *pencil*
   b. *message*
   c. *paper*

3. *Where is this* _____ *(calle)?*
   a. *place*
   b. *road*
   c. *street*

4. _____ *(Necesito) your address.*
   a. *I sell*
   b. *I need*
   c. *I buy*

5. _____ *(Tengo que) go.*
   a. *I feel like*
   b. *I have to*
   c. *I have just*

6. _____ *(No tiene ganas) going there.*
   a. *He doesn't feel like*
   b. *He has just*
   c. *He has to*

7. _____ *(acaba) arrived.*
   a. *He has to*
   b. *He has just*
   c. *He'd like to*

8. *Where is the* _____ *(metro)?*
   a. *mailbox*
   b. *subway*
   c. *floor*

9. _____ (Tenga la bondad) *tell me where the station is.*
    a. *Pardon*
    b. *Please*
    c. *Excuse*

10. _____ (Lléveme) *to this address.*
    a. *Direct me*
    b. *Take me*
    c. *Tell me*

11. *Which* _____ (camino) *should I take?*
    a. *road*
    b. *street*
    c. *station*

12. _____ (Voy a) *finish my work.*
    a. *I feel like*
    b. *I'm going to*
    c. *He's just*

13. _____ (quisiera) *to go, but I can't.*
    a. *I'd like*
    b. *I have to*
    c. *I want*

14. _____ (Volveré) *later.*
    a. *I'll go*
    b. *I'll come back*
    c. *I'll have to*

15. *I* _____ (estaba por) *to leave.*
    a. *was about*
    b. *feel like*
    c. *has to*

RESPUESTAS
1—c; 2—b; 3—c; 4—b; 5—b; 6—a; 7—b; 8—b; 9—b;
10—b; 11—a; 12—b; 13—a; 14—b; 15—a

LECCIÓN 28

A. ¿QUIÉN? ¿QUÉ? ¿CÓMO? ETC.

1. *Who?* = ¿Quién?; *Whom* = ¿A quién?; *Whose* = ¿De quién?

Who is he?	¿Quién es?
I don't know who she is.	No sé quién es.
Who are they?	¿Quiénes son?
Who said it?	¿Quién lo ha dicho?
Who said so?	¿Quién ha dicho eso?
Who did it?	¿Quién lo hizo?
Who knows?	¿Quién sabe?
Whom[1] do you wish to see?	¿A quién quiere ver Ud.?
Who[1] are you looking for?	¿A quién busca Ud.?
To whom do you want to speak?[2]	¿A quién quiere hablar?
Whose pencil is that?	¿De quién es este lápiz?
Whose is this?	¿A quién pertenece esto?

2. *What?* = ¿Qué?

What's this?	¿Qué es esto?
What's that?	¿Qué es eso?
What's the matter?	¿Qué pasa?
What's up?	¿Qué sucede?

---

[1] Cuando *whom* es la primera palabra de la frase, el inglés hablado acepta la forma *who*. Así se dice: *Who are you looking for?* tanto como *Whom are you looking for?*

[2] En el inglés hablado, es muy común que las preposiciones terminan las preguntas. Se diría mas bien: *Who do you want to speak to?*

What happened?	¿Qué sucedió?
What's new?	¿Qué hay de nuevo?
What do you think?	¿Qué le parece?
What are they?	¿Qué son?
What do you have?	¿Qué tienen ustedes?
What's the matter with you?	¿Qué tienen ustedes?
What time is it?	¿Qué hora es?
What are you saying?	¿Qué dice Ud.?
What did you say?	¿Qué dijo Ud.?
What's the point?	¿De qué se trata?
What's it all about?	¿De qué se trata?
What do you want?	¿Qué quiere?
What can I do for you?	¿Qué desea Ud.?
What would you like?	¿Qué desea Ud.?
What's your name?	¿Cuál es su nombre?
	¿Cómo se llama Ud.?
What's their address?	¿Cuál es su dirección?

3. *Which? Which one?* = ¿Cuál?

Which is mine?	¿Cuál es el mío?
Which of these two roads leads to Washington?	¿Cuál de estos dos caminos conduce a Washington?
Which one of these pencils is yours?	¿Cuál de estos lápices es de usted?
Which one do you want?	¿Cuál quiere?
Which one do you like?	¿Cuál le gusta a usted?

4. *Why?* = ¿Por qué?

Why so?	¿Por qué es así?
Why not?	¿Por qué no?
Why do you say that?	¿Por qué dice eso?
Why are you in such a hurry?	¿Por qué tanta prisa?

Why did you do it?   ¿Por qué lo hizo Ud.?

5. *Where?* = ¿Dónde?; ¿Adónde?

Where is your friend?   ¿Dónde está su amigo?
Where does he live?   ¿Dónde vive él?
Where is she going?   ¿Adónde va ella?

6. *When?* = ¿Cuándo?

When will your brother   ¿Cuándo vendrá su hermano?
come?
When did that happen?   ¿Cuándo ocurrió eso?
When are you leaving?   ¿Cuándo se marcha Ud.?
Until when?   ¿Hasta cuándo?
I don't know when.   No sé cuándo.
I don't know until when.   No sé hasta cuándo.
Since when?   ¿Desde cuándo?
When will it be ready?   ¿Para cuándo estará listo?

7. *How?* = ¿Cómo?

How are you?   ¿Cómo está Ud.?
How do you say this in   ¿Cómo se dice en inglés esto?
English?
How is this spelled?   ¿Cómo se deletrea esto?
How did it happen?   ¿Cómo sucedió?

8. *How much?* = ¿Cuánto?

How much is it?   ¿Cuánto es?
How much for everything?   ¿Cuánto por todo?
How much a piece?   ¿Cuánto por cada una?
How much a dozen?   ¿Cuánto cuesta la docena?
How much money do you   ¿Cuánto dinero necesita Ud.?
need?

| How much time? | ¿Cuánto tiempo? |

9. *How many?* = ¿Cuántos? ¿Cuántas?

How many are there?	¿Cuántos hay?
How many girls?	¿Cuántas muchachas?
How many books do you have?	¿Cuántos libros tiene?
How many miles are there between New York and Washington?	¿Cuántas millas hay entre Nueva York y Washington?

B. VOCABULARIO

ball	bola, pelota
check	cheque
civil	civil
education	educación
effort	esfuerzo
logical	lógico
omission	omisión
page	página
table	mesa

PRUEBA 25

1. *When did that happen?*   a. ¿Cómo se llama Ud.?
2. *Since when?*   b. ¿Cuántos libros hay?
3. *Who knows?*   c. ¿Cómo se dice esto en inglés?
4. *Where does he live?*   d. ¿Qué dice Ud.?
5. *What's your name?*   e. ¿Cuándo ocurrió eso?
6. *What are you saying?*   f. ¿Desde cuándo?
7. *Why not?*   g. ¿Quién sabe?
8. *How do you spell that?*   h. ¿Por qué no?

9. *How many books are   i. ¿Dónde vive él?
   there?*

10. *How do you say this in   j. ¿Cómo se deletrea eso?
    English?*

RESPUESTAS
1—e; 2—f; 3—g; 4—i; 5—a; 6—d; 7—h; 8—j; 9—b;
10—c

RECONOCIMIENTO 6

1. *I don't see* _____ (nada).
   a. *anybody*
   b. *anything*
   c. *never*

2. _____ (Nadie) *is coming.*
   a. *Nobody*
   b. *None*
   c. *Nothing*

3. *He can* _____ (ni) *read nor write.*
   a. *no*
   b. *never*
   c. *neither*

4. *English is easy,* _____ (no es verdad)?
   a. *is it*
   b. *isn't it*
   c. *no*

5. *Give us* _____ (unos) *of them.*
   a. *nothing*
   b. *a few*
   c. *few*

6. *Do you* _____ (quiere) *fruit?*
   a. *want*
   b. *need*
   c. *care*

7. *He is not* _____ *(como) his father.*
   a. *like*
   b. *this*
   c. *as*

8. _____ *(Cuántos) books do you have?*
   a. *How much*
   b. *How many*
   c. *How*

9. *Do you* _____ *(conocen) each other?*
   a. *known*
   b. *know*
   c. *to know*

10. _____ *(Permítame) to introduce you to my friend.*
    a. *Speak*
    b. *I have*
    c. *Let me*

11. *Do you have my* _____ *(dirección)?*
    a. *day*
    b. *card*
    c. *address*

12. *I* _____ *(espero) to see you again soon.*
    a. *allow*
    b. *hope*
    c. *know*

13. *Here you have* _____ *(la mía).*
    a. *his*
    b. *mine*
    c. *my*

14. _____ *(Qué) do you say?*
    a. *How*
    b. *When*
    c. *What*

15. _____ *(Por qué) did she leave?*
    a. *What*
    b. *Why*
    c. *When*

16. _____ (Cómo) *do you say that in English?*
   a. *How*
   b. *When*
   c. *Which*

17. _____ (Cuánto) *money do you need?*
   a. *How many*
   b. *How much*
   c. *What*

18. _____ (Quién) *came with you?*
   a. *Who*
   b. *Whose*
   c. *Which*

19. _____ (Dónde) *is your friend?*
   a. *Where*
   b. *How*
   c. *Which*

20. _____ (Cuándo) *will your brother come?*
   a. *Which*
   b. *How*
   c. *When*

RESPUESTAS
1—b; 2—a; 3—c; 4—b; 5—b; 6—a; 7—a; 8—b; 9—b;
10—c; 11—c; 12—b; 13—b; 14—c; 15—b; 16—a; 17—b;
18—a; 19—a; 20—c

LECCIÓN 29

A. ES BUENO

Good.	Bueno.
It's good.	Es bueno.
Very good.	Muy bueno.
It's very good.	Es muy bueno.
It's excellent.	Es excelente.
It's great.	Es estupendo.
It's admirable.	Es admirable.
It's perfect.	Es perfecto.
It's all right.	Está bien.
It's not bad.	No está mal.
Is it all right?	¿Está bien esto?
Very well!	¡Muy bien!
Very good!	¡Muy bien!
She's good-looking.	Es atractiva. Es guapa.
She's very good-looking.	Es muy atractiva.
She's very pretty.	Es muy bonita.
She's beautiful.	Es bella.
She's charming.	Es encantadora.
He's very good-looking.	Es muy bien parecido.
He's very handsome.	Es muy guapo.
He's a good guy!	¡Es buen tipo!
It's pretty.	Es bonito.
It's wonderful.	Es maravilloso.

B. NO ES BUENO

It's not good.	No es bueno.
It's no good.	No es bueno. (No sirve.)
It's not very good.	No es muy bueno.

It's not right.	No está bien.
This isn't right.	Esto no está bien.
That isn't right.	Eso no está bien.
This isn't proper.	Esto no está bien.
This is wrong.	Esto no está bien.
That's bad.	Eso es malo.
It's very bad.	Es bastante malo.
That's very bad.	Es bastante malo. Eso es malísimo.
That's awful.	Eso es pésimo.
That's terrible.	Eso es terrible.
He's really bad.	Él es verdaderamente malo.
That's worthless.	Eso no vale nada.
It's worthless.	No sirve para nada.
It's good for nothing.	No sirve para nada.

PRUEBA 26

1. *It's excellent.*
2. *She's very pretty.*
3. *That's worthless.*
4. *That's awful.*
5. *He's good-looking.*
6. *It's great!*
7. *It's all right.*
8. *That's bad.*
9. *Very well.*
10. *It's not bad.*

a. Está bien.
b. Muy bien.
c. Es excelente.
d. No está mal.
e. Eso es malo.
f. Eso es pésimo.
g. Es muy linda.
h. Eso no vale nada.
i. Es bien parecido.
j. ¡Es estupendo!

RESPUESTAS
1—c; 2—g; 3—h; 4—f; 5—i; 6—j; 7—a; 8—e; 9—b; 10—d

C. ME GUSTA . . . NO ME GUSTA . . .[1]

I like . . .	Me gusta . . .
I like it.	Me gusta mucho.
I like him.	Él me gusta. (Me cae bien.)
I like her.	Ella me gusta. (Me cae bien.)
I like that.	Eso me gusta.
I like them.	Me gustan. (Me caen bien.)
I like them a lot.	Me gustan mucho. (Me caen muy bien.)
Do you like it?	¿Le gusta?
Don't you like it?	¿No le gusta?
Do you like fruit?	¿Le gusta a usted la fruta?
Yes, I like fruit.	Sí, me gusta la fruta.
Do you like chocolate?	¿Le gusta el chocolate?
Do you like America?	¿Le gusta América?
Do you like the United States?	¿Le gusta los Estados Unidos?
Do you like Mexico?	¿Le gusta México?
Do you like Spanish food?	¿Le gusta la comida española?
Did you like Spain?	¿Le gustó España?
Yes, I liked Spain.	Sí, me gustó España.
How do you like my room?	¿Qué le parece mi cuarto?
I like it very much.	Me gusta mucho.
if you like it	si a usted le gusta
whenever you like	cuando usted quiera
I'm fond of music.	Me gusta la música.

[1] Note que el verbo *to like* tiene una construcción distinta a la del verbo gustar. El nombre o pronombre que en español es sujeto es objeto en inglés.

D. NO ME GUSTA

I don't like it.	No me gusta.
I don't like it at all.	No me gusta nada.
No, I didn't like it.	No, no me gustó.
I didn't like it at all.	No me gustó nada.
I don't care for it.	No me interesa.
I didn't like America.	No me gustó América.
It doesn't matter to me.	No me importa.

PRUEBA 27

1. *I don't like it very much.*   a. ¿Le gusta la comida española?
2. *How do you like my room?*   b. ¿Le gusta?
3. *Did you like Spain?*   c. Me gusta mucho.
4. *if you like it*   d. ¿Le gusta a usted la fruta?
5. *Don't you like it?*   e. cuando usted quiera
6. *I like it very much.*   f. ¿Le gustó España?
7. *Do you like it?*   g. ¿No le gusta?
8. *whenever you like*   h. si a usted le gusta
9. *Do you like Spanish food?*   i. No me gusta mucho.
10. *Do you like fruit?*   j. ¿Qué le parece mi cuarto?

RESPUESTAS

1—i; 2—j; 3—f; 4—h; 5—g; 6—c; 7—b; 8—e; 9—a; 10—d

LECCIÓN 30

A. En, A, De, Para, etc.

I've been in New York.	He estado en Nueva York.
I'm going to Los Angeles.	Voy a Los Angeles.
I come from Bogotá.	Vengo de Bogotá.
I'm leaving for Los Angeles.	Salgo para Los Angeles.
He's going toward Los Angeles.	Se dirige hacia Los Angeles.
I got as far as Madrid.	Llegué hasta Madrid.

1. *To* = A

to the right	a la derecha
to the left	a la izquierda
It belongs to Peter.	Pertenece a Pedro.
I prefer this book to mine.	Prefiero este libro al mío.
He came only to see her.	Vino sólo a verla.
She was ready to go out.	Estaba lista para salir.
I have to go to the bank today.	Tengo que ir al banco hoy.

2. *In, into* = En, a

I lived in Boston for several years.	Viví en Boston por varios años.
It's in the dictionary.	Está en el diccionario.
I'm leaving in four days.	Me voy en cuatro días.
I'll be there in a minute.	Estaré allí dentro de un minuto.
in place of	en lugar de
instead of	en vez de
I went into the house.	Entré a la casa.

3. *From* = De

from New York to New Orleans	de Nueva York a Nueva Orleans
I come from Texas.	Soy de Tejas.
It's from my brother.	Es de mi hermano.
from time to time	de vez en cuando
from childhood	desde niño

4. *Since* = Desde, como

since I have seen him	desde que lo vi
Since when?	¿Desde cuándo?
Since you are right, I give up.	Como Ud. tiene razón, me rindo.
since then	desde entonces
ever since	desde (que)
He's been feeling sick since yesterday.	Se siente enfermo desde ayer.

5. *Up to, as far as* = Hasta

up to Albany	hasta Albany
as far as Miami	hasta Miami
I walked up to the fifth floor.	Subí hasta el quinto piso.
I drove as far as the park.	Fui hasta el parque en coche.
up to a certain point	hasta cierto punto
up to now	hasta ahora
up to this time	hasta la fecha
as far as I am concerned	en cuanto a mí

6. *Until, till* = Hasta

until tomorrow	hasta mañana
till further notice	hasta nuevo aviso

7. *At* = A, En

at noon	a mediodía
at the end of the month	al fin del mes
at night	de noche
at times	a veces
A loan at 7 percent compound interest.	Un préstamo a 7 por ciento, interés compuesto.
I bought this at Macy's.	Compré esto en Macy's.

8. *On* = Sobre, a, en

on the table	sobre la mesa
on foot	a pie
on the Fourth of July	el cuatro de julio
on the train	en el tren
He kept his hat on.	Conservó su sombrero puesto.

9. *Under* = Debajo, bajo

You'll find the book under the others.	Encontrará el libro debajo de los otros.
under the circumstances	bajo las circunstancias
under contract	bajo contrato
under the care of	bajo el cuidado de

10. *With* = Con

coffee with milk	café con leche
I went with John.	Fui con John.
He wrote it with a pencil.	Lo escribió con un lápiz.
It happens with students.	Esto sucede con estudiantes.
a man with good sense	un hombre de juicio

11. *Without* = Sin

without him	sin él
without anything	sin nada
without fail	sin falta
You can do it without difficulty.	Usted puede hacerlo sin dificultad.
I did it without meaning to.	Lo hice sin querer.

12. *Ago* = Hace

a year ago	hace un año
a long time ago	hace mucho tiempo
How long ago?	¿Cuánto tiempo hace?
not so long ago	no hace mucho tiempo

13. *Towards* = Hacia

It started to rain towards night.	Empezó a llover hacia la noche.
She was walking towards the woods.	Ella caminaba hacia el bosque.
towards that direction	hacia allá

14. *Through* = Por (a través de, mediante)

The train passes through Baltimore.	El tren pasa por Baltimore.
The cat came in through the window.	El gato entró por la ventana.
He did it through his influence.	Lo hizo mediante su influencia.
When you are through, you may go.	Cuando Ud. termine, podrá irse.

She is through with him.	Ella no tiene nada más que ver con él.

15. *By* = Por (Mediante)

Send it by airmail.	Envíelo por correo aéreo.
He travels by night.	Viaja de noche.
She passed by.	Ella pasó (por mi casa).
by that time	para entonces
by the way	a propósito
by day	de día

16. *For* = Para, por

He left for Australia.	Salió para Australia.
the bus for Newport	el autobús para Newport
The letter is for you.	La carta es para usted.
the lesson for tomorrow	la lección para mañana
That's easy for him.	Eso es fácil para él.
It's good for nothing.	No sirve para nada.
for the time being	por lo pronto
for example	por ejemplo
I'll be away traveling for two years.	Estaré de viaje por dos años.
For goodness sake!	¡Por Dios!

17. *Of* = De

a cup of coffee	una taza de café
a little of everything	de todo un poco
one of these days	un día de estos
I'm short of money.	Estoy escaso de dinero.
The table is made of wood.	La mesa es de madera.
What do you think of him?	¿Qué piensa de él?

B. Otros Modismos

two by two	dos por dos
little by little	poco a poco
sixty miles an hour	sesenta millas por hora
He went for the doctor.	Fue por el médico.
during the afternoon	por la tarde
He walked along the street.	Pasó por la calle.
as a result	por consiguiente
for that reason	por esa razón
on account of	a causa de
at last	por fin
around here	por aquí
in order to go there	para ir allá
I'm studying to be a doctor.	Estudio para médico.
I'm in favor of doing it.	Estoy por hacerlo.
on my part, on my account	por mi parte
on purpose	a propósito
later on	más tarde

C. Vocabulario

anxious	ansioso
chief	jefe
difficulty	dificultad
doctor	doctor
episode	episodio
future	futuro
glorious	glorioso
nervous	nervioso
period	período

PRUEBA 28

1. *on foot*   a. a mediodía
2. *one by one*   b. poco a poco

3. *I come from New York.*   c. a la derecha
4. *It's made of wood.*   d. hace un año
5. *by day*   e. con leche
6. *by the way*   f. a pie
7. *on the table*   g. Vengo de Nueva York.
8. *to the right*   h. Es de madera.
9. *in that direction*   i. por eso
10. *little by little*   j. a propósito
11. *until tomorrow*   k. hacia allí
12. *at noon*   l. de día
13. *since I have seen him*   m. a la izquierda
14. *a year ago*   n. uno por uno
15. *with milk*   o. hasta Nueva York
16. *instead of*   p. Me voy en dos días.
17. *to the left*   q. sobre la mesa
18. *for that reason*   r. hasta mañana
19. *as far as New York*   s. en vez de
20. *I'm leaving in two days.* t. desde que le vi

RESPUESTAS

1—f; 2—n; 3—g; 4—h; 5—l; 6—j; 7—q; 8—c; 9—k;
10—b; 11—r; 12—a; 13—t; 14—d; 15—e; 16—s; 17—m;
18—i; 19—o; 20—p

PRUEBA 29

1. *He went for the doctor.*   a. por ejemplo
2. *sixty miles an hour*   b. El tren pasa por la
                                   ciudad.
3. *on purpose*   c. sin falta
4. *as a result*   d. por lo pronto
5. *around here*   e. Lo hice sin querer.
6. *For goodness sake!*   f. por consiguiente
7. *at last*   g. sesenta millas por hora
8. *for example*   h. a propósito
9. *He walked along the*   i. Fue por el médico.
   street.

10. *for the time being*   j. ¡Por Dios!
11. *I did it without meaning*   k. por fin
    to.
12. *The train passes through*   l. Entró por la ventana.
    the city.
13. *I'll go for you.*   m. por aquí
14. *He came in through the*   n. Yo iré por usted.
    window.
15. *without fail*   o. Pasó por la calle.

RESPUESTAS

1—i; 2—g; 3—h; 4—f; 5—m; 6—j; 7—k; 8—a; 9—o;
10—d; 11—e; 12—b; 13—n; 14—l; 15—c

PRUEBA 30

1. *I walked up to the fifth*   a. La carta es para usted.
    floor.
2. *the lesson for tomorrow*   b. No sirve para nada.
3. *in order to go there*   c. la lección para mañana
4. *He left for the bank.*   d. Está por llover.
5. *I'm studying to be a*   e. Estoy por hacerlo.
    doctor.
6. *He's about to leave.*   f. Subí hasta el quinto piso.
7. *The letter is for you.*   g. para ir allá
8. *I'm in favor of doing it.*   h. Salió para el banco.
9. *It's worthless.*   i. Está para salir.
10. *It's about to rain.*   j. Estudio para médico.

RESPUESTAS

1—f; 2—c; 3—g; 4—h; 5—j; 6—i; 7—a; 8—e; 9—b;
10—d

LECCIÓN 31

A. EN RUTA

Pardon me.
Perdón.

Excuse me.
Discúlpeme.

What's the name of this town?
¿Cómo se llama este pueblo?

How far are we from New York?
¿A qué distancia estamos de Nueva York?

How many miles is it from here to New York?
¿Cuántas millas hay de aquí a Nueva York?

It's ten miles from here.
Está a diez millas de aquí.

It's twenty miles from here.
Está a veinte millas de aquí.

How do I get to New York from here?
¿Cómo llego a Nueva York desde aquí?

Follow this road.
Siga esta carretera.

Take route seven.
Vaya por la ruta siete.

B.   PIDIENDO DIRECCIONES

Can you tell me how I can get to this address?
¿Puede usted decirme cómo llegar a esta dirección?

Can you tell me how I can get to this place?
¿Puede usted decirme cómo llegar a este lugar?

What is the name of this street?
¿Cómo se llama esta calle?

Can you tell me where this street is?
¿Puede usted decirme dónde queda esta calle?

Where is Independence Street?
¿Dónde está la calle Independencia?

Is it far from here?
¿Está lejos de aquí?

It is near here?
¿Está cerca de aquí?

It's the third block to the right.
Es la tercera cuadra a la derecha.

Go this way.
Vaya por aquí.

Go straight ahead.
Siga todo derecho.

Go to the corner and turn left.
Siga hasta la esquina y doble a la izquierda.

Take the first street to the left.
Tome la primera calle a la izquierda.

Turn right.
Doble a la derecha.

Where is the garage?
¿Dónde está el garaje?

Where is the police station?
¿Dónde está la Comisaría de Policía?

Where is City Hall?
¿Dónde está el Ayuntamiento?

Where is the bus stop?
¿Dónde está la parada del autobús?

At what station do I get off?
¿En qué parada debo bajar?

Where do I get off?
¿Dónde debo bajar?

C. LA ESTACIÓN DE FERROCARRIL

Where is the train station?
¿Dónde está la estación del ferrocarril?

Where do you get the train to New York?
¿Dónde se toma el tren para ir a Nueva York?

From which station does the train to New York leave?
¿De qué estación sale el tren para Nueva York?

At which station does the New York train arrive?
¿A qué estación llega el tren de Nueva York?

Where is the Information Office?
¿Dónde está la oficina de información?

Will you please give me a schedule?
¿Quiere darme un horario de trenes?

Which is the train to New York?
¿Cuál es el tren para Nueva York?

Is this the train to New York?
¿Es éste el tren para Nueva York?

Where do you get the train to New York?
¿Dónde se toma el tren para Nueva York?

On platform two.
En el andén número dos.

When does the train to New York leave?
¿A qué hora sale el tren para Nueva York?

The train just left.
El tren acaba de salir.

The train is leaving right away.
El tren va a salir en seguida.

When does the next train leave?
¿A qué hora sale el próximo tren?

Where is the ticket window?
¿Dónde está la taquilla?

Give me a one-way ticket to New York.
Déme un billete de ida para Nueva York.

Give me a round-trip ticket.
Déme un billete de ida y vuelta.

How much does it cost?
¿Cuánto cuesta?

Twenty-seven dollars and eighty cents.
Veintisiete dólares y ochenta centavos.

How long does it take to get there?
¿Cuánto se tarda en llegar allí?

A little more than an hour.
Un poco más de una hora.

Is this seat taken?
¿Está ocupado este asiento?

May I put this suitcase here?
¿Me permite usted que ponga aquí esta maleta?

What station is this?
¿Qué estación es ésta?

How long do we stop here?
¿Cuánto tiempo paramos aquí?

Do I change trains here?
¿Tengo que cambiar aquí de tren?

Does this train stop in Newark?
¿Para este tren en Newark?

D. VOCABULARIO

adventure	aventura
attack	ataque
comfortable	confortable, cómodo
courage	valor
independence	independencia
language	idioma, lenguaje
message	mensaje
opinion	opinión
silence	silencio

LECCIÓN 32

A. CORREO

I'd like to write a letter.
Quisiera escribir una carta.

Do you have a pencil?
¿Tiene Ud. un lápiz?

Do you have a pen?
¿Tiene Ud. un bolígrafo?

Do you have some paper?
¿Tiene usted un poco de papel?

Do you have an envelope?
¿Tiene Ud. un sobre?

Do you have a stamp?
¿Tiene Ud. un/a sello/estampilla?

Where are stamps sold?
¿Dónde se venden sellos/estampillas?

Where can I buy a stamp?
¿Dónde puedo comprar un sello de correo?

Do you have an airmail stamp?
¿Tiene Ud. un sello para el correo aéreo?

A special delivery stamp, please.
Un sello de entrega inmediata, por favor.

Where is the post office?
¿Dónde está el correo?

I'm going to the post office.
Voy al correo.

I'd like to mail this letter.
Quiero enviar esta carta.

What is the postage?
¿Cuánto es el franqueo?

Where is the nearest mailbox?
¿Dónde está el buzón más cercano?

It's in the post office.
Está en el correo.

B. CORREO ELECTRÓNICO Y FACSÍMIL

I need to send an e-mail.
Necesito enviar un correo electrónico.

Can I get on the Internet?
¿Puedo conectarme con el internet?

Do you have a website?
¿Tiene página web?

Where is the computer?
¿Dónde está la computadora?

I want to send a fax.
Quiero mandar un fax (facsímil).

How much does it cost to send two pages by fax?
¿Cuánto cuesta mandar dos páginas por fax?

Is there a fax for me?
¿Llegó algún fax para mí?

C. TELÉFONO

Is there a phone here?
¿Hay un teléfono aquí?

Where can I phone?
¿Dónde puedo llamar por teléfono?

Where is the telephone?
¿Dónde está el teléfono?

Where is the phone booth?
¿Dónde está la cabina telefónica?

In the hotel lobby.
En el vestíbulo del hotel.

May I use your phone?
¿Me permite usar el teléfono?

Of course. Go ahead!
Claro. ¡Adelante!

Give me long distance.
Conécteme con larga distancia.

How much is a phone call to New York?
¿Cuánto cuesta una llamada telefónica a Nueva York?

I'd like to make a collect call, person to person.
Quisiera hacer una llamada por cobrar, persona a persona.

Hold on a minute.
Espere un momento. (Sujete la línea.)

The line is busy.
La línea está ocupada.

Operator, you gave me the wrong number.
Señorita, me dio el número equivocado.

There's no answer.
No contesta nadie.

May I speak to Mr. Philips?
¿Puedo hablar con el señor Philips?

Speaking.
Él habla.

This is Mr. Price speaking.
Habla el señor Price.

Is this Mr. Philips?
¿El señor Philips?

Speaking.
El mismo.

Who is this?
¿Con quién hablo?

Mr. Price.
Con el señor Price.

LECCIÓN 33

A. ¿CÓMO SE LLAMA UD.?

What's your name?
¿Cómo se llama Ud.?

My name is Richard Fulton.
Me llamo Ricardo Fulton.

What's his name?
¿Cómo se llama él?

His name is Frank Bentley.
Él se llama Frank Bentley.

What's her name?
¿Cómo se llama ella?

Her name is Jennifer Michaels.
Se llama Jennifer Michaels.

What are their names?
¿Cómo se llaman ellos?

His name is Joseph Burton and hers is Sandra Allen.
Él se llama Joseph Burton y ella Sandra Allen.

What's his first name?
¿Cuál es su nombre?

His first name is Charles.
Su nombre es Charles.

What's his last name?
¿Cuál es su apellido?

His last name is Kelly.
Su apellido es Kelly.

B.   ¿DE DÓNDE ES UD.?

Where are you from?
¿De dónde es usted?

I'm from Chicago.
Yo soy de Chicago.

Where is he from?
¿De dónde es él?

He's from Puerto Rico.
Es de Puerto Rico.

She's from Mexico.
Ella es de México.

Where were you born?
¿Dónde nació Ud.?

I was born in New York.
Yo nací en Nueva York.

I was born in Chile.
Nací en Chile.

I live in Atlanta now.
Vivo ahora en Atlanta.

C. ¿CUÁNTOS AÑOS TIENE UD.?

How old are you?
¿Cuántos años tiene Ud.?

I'm twenty-four.
Tengo veinticuatro años.

I'm thirty years old.
Tengo treinta años.

I'll be twenty-four in September.
Cumplo veinticuatro años en septiembre.

I was born on July 26, 1954 (twenty-sixth, nineteen fifty-four).
Nací el veintiséis de julio de 1954.

When is your birthday?
¿Cuándo es su cumpleaños?

My birthday is in two weeks, August 22 (twenty-second).
Mi cumpleaños es dentro de dos semanas, el 22 de agosto.

How many brothers do you have?
¿Cuántos hermanos tiene Ud.?

I have two brothers.
Tengo dos hermanos.

The older one is twenty.
El mayor tiene veinte años.

He's at the university.
Está en la universidad.

The younger one is seventeen.
El menor tiene diecisiete.

He's in his last year of high school.
Está en el último año de la preparatoria.

How many sisters do you have?
¿Cuántas hermanas tiene Ud.?

I have one sister.
Tengo una hermana.

She's nine.
Tiene nueve años.

She goes to elementary school.
Ella va a una escuela primaria.

D. PROFESIONES

What's your profession?
Cuál es su profesión?

What kind of work do you do?
¿Qué tipo de trabajo hace?

What does your husband do?
¿Qué hace su marido?

What does your wife do?
¿Qué hace su esposa?

What does your father do?
¿Qué hace su padre?

What does your mother do?
¿Qué hace su madre?

She's a lawyer.[1]
Es abogada.

He's an architect.
Es arquitecto.

He's a teacher.
Es maestro.

She's a university professor.
Es profesora de la universidad.

He's a doctor.
Es médico.

He's a businessman.
Es hombre de negocios.

He's a farmer.
Es agricultor.

---

[1] Cuando se trata de profesiones, oficios, etc., el inglés siempre usa el artículo indefinido: *a, an*.

He's a laborer.
Es obrero.

She works for the government.
Es funcionaria.

He works in a factory.
Trabaja en una fábrica.

E. LA FAMILIA

Do you have any relatives here?
¿Tiene Ud. parientes aquí?

Does your whole family live here?
¿Vive aquí toda su familia?

My whole family except my grandparents.
Toda mi familia excepto mis abuelos.

They live on a farm near Milwaukee.
Ellos viven en una finca cerca de Milwaukee.

Are you related to Mr. Brown?
¿Es Ud. pariente del señor Brown?

He's my uncle.
Es mi tío.

He's my cousin.
Es mi primo.

Are you related to Mrs. Rayburn?
¿Es Ud. pariente de la señora Rayburn?

She's my aunt.
Es mi tía.

She's my cousin.
Es mi prima.

LECCIÓN 34

A. DE COMPRAS *SHOPPING*

1. **How much is this?**
   ¿Cuánto vale esto?
2. **Ten dollars.**
   Diez dólares.
3. **That's rather expensive. Don't you have anything cheaper?**
   Es bastante caro. ¿No tiene Ud. algo más barato?
4. **Of the same sort?**
   ¿En el mismo género?
5. **The same sort, or something similar.**
   En el mismo género, u otro parecido.
6. **Like this?**
   ¿Cómo esto?
7. **Don't you have any other kind you could show me?**
   ¿No tiene Ud. algo en otra clase que me pueda mostrar?
8. **Less expensive?**
   ¿De menos precio?
9. **If possible.**
   Si es posible.

10. **Perhaps you would like this?**
    ¿Quizá le guste éste?

11. **That depends on the price.**
    Depende del precio.

12. **This one is eight dollars.**
    Este vale ocho dólares.

13. **I like it better than the other one.**
    Me gusta más que el otro.

14. **It's cheaper.**
    Es más barato.

15. **How about this? Is it cheaper or more expensive?**
    Y este otro, ¿es más barato o más caro?

16. **It's more expensive.**
    Es más caro.

17. **Don't you have anything else in stock?**
    ¿Y no tiene Ud. más surtido?

18. **I'm expecting some new styles soon.**
    Espero recibir algunas novedades en breve.

19. **How soon?**
    ¿Para cuándo?

20. **Any day now. Can you drop in toward the end of the week?**
    De un día a otro. ¿Puede Ud. pasar por aquí hacia el fin de semana?

21. **I'll do that. . . . What's the price of this?**
    Lo haré. . . . , ¿Y esto, qué precio tiene?

22. **Five dollars a pair.**
    Cinco dólares, el par.

23. **Let me have a dozen.**
    Déme Ud. una docena.

24. **Will you take them with you?**
    ¿Se los lleva consigo?

25. **I'd rather have you send them.**
    Prefiero que me los envíe.

26. **Is the address still the same?**
    ¿Es el mismo domicilio?

27. **The same.**
    La misma.
28. **Good-bye.**
    Buenos días.
29. **Good-bye.**
    Adiós.

NOTAS[1]

1. *How much is this?* = ¿Cuánto vale esto? Se puede decir también *How much does it cost?* o *What's the price?* = "¿Qué precio tiene?"

3. *That's rather expensive. Rather* quiere decir también un poco, algo o más bien: *She's rather pretty* = Ella es más bien bonita. *Rather than* = Más bien que. *It's very expensive* = Es muy caro. *Cheap* = barato; *cheaper* = más barato; *very cheap* = muy barato. *That's the cheapest* = Es el más barato.

7. *kind* = clase, género, sinónimo de *sort. What kind of books do you have?* = ¿Qué clase de libros tiene?

11. *That depends on the price.* El verbo *to depend* siempre va seguido de las preposiciónes *on* o *upon. It depends on you* = Depende de usted. Esta frase se puede traducir también: *depending on you. Depending on the circumstances* = depende de las circunstancias.

13. *I like it.* El verbo *to like* se construye diferente al verbo gustar. Véase p. 200. *I like it better.* = Me gusta más.

14. *Cheaper.* Para el comparativo del adjetivo véase la gramática, p. 232–234.

15. Note la diferencia entre el comparativo de un adjetivo de pocas sílabas, *cheaper,* y de un adjetivo de varias sílabas, *more expensive.* (Véase la gramática, p. 232–234).

---

[1] Las palabras entre comillas son traducciones literales. Los números corresponden a las frases de la lección.

17. Más, en el sentido de algo extra se traduce con *else*. *What else?* = ¿Qué más? *Something else?* = ¿Algo más?

18. *To expect:* esperar en el sentido de probabilidad o acontecimiento. *To hope:* esperar en el sentido de deseo o esperanza. *To wait (for):* esperar en el sentido de tiempo. *I expect to finish by the end of the month.* Espero terminar para fines de mes. *I hope to see you tomorrow.* Espero verle mañana. *I'll wait for you at 8 P.M.* Le esperaré a las ocho.

19. *How soon?* "¿Qué tan pronto?" ¿Para cuándo? *As soon as* = tan pronto como. *Sooner or later* = tarde o temprano.

20. *Any day* = "cualquier dia." *Any* se usa generalmente para expresar cantidad como en la frase: *Do you have any cigarettes?* ¿Tiene usted cigarrillos?, pero se emplea también para expresar con énfasis la idea de cualquiera. *Don't you have any book to lend me?* ¿No tiene un libro cualquiera que me preste? *Which newspaper do you want? Any one.* ¿Qué periódico quiere? Cualquiera. *Any way* = de cualquier manera. *Any moment now.* = De un momento a otro. *In any case* = de todos modos.

23. *Let me have a dozen.* "Permita que tenga una docena." Otra manera de expresar la misma frase sería: *Give me a dozen.* Déme una docena.

25. *I'd rather; I prefer* = prefiero que. Usualmente *rather* quiere decir "más bien" como en la frase 3, pero empleado con *I would* la expression tiene el sentido de preferir. *I'd rather go home.* = Prefiero ir a mi casa. También el pretérito de "querer" en español se traduce con la fuerza de *to prefer: He preferred to stay home.* Quiso quedarse en casa. *I'd rather not* = Preferiría que no.

26. *Still* = todavía. *Still* se emplea también en el sentido de "aún"; en este caso es sinónimo de *yet. You explained*

it to me, and still (yet) I don't understand. Me lo explicó, y aún no lo entiendo. No confunda este *still* con el adjetivo *still* (tranquilo, inmóvil). La diferencia entre los dos significados se distingue fácilmente por medio de contexto de la frase: *The child was still.* El niño estaba quieto.

B. Vocabulario

comic	cómico
counter	contador, mostrador
detail	detalle
employee	empleado
judgement	juicio
muscle	músculo
park	parque
restaurant	restaurante
rose	rosa

RECONOCIMIENTO 7

1. *It's rather* ———— (caro).
    a. *cheap*
    b. *this*
    c. *expensive*
2. *Don't you have anything* ———— (más barato)?
    a. *kind*
    b. *price*
    c. *cheaper*
3. the ———— (mismo) *sort*
    a. *something*
    b. *same*
    c. *more*

4. ——— (menos) *expensive*
   a. *more*
   b. *less*
   c. *same*
5. *I like it* ——— (más) *than the other one.*
   a. *less*
   b. *more*
   c. *same*
6. *Don't you* ——— (tiene) *anything else in stock?*
   a. *have*
   b. *like*
   c. *send*
7. *I'm* ——— (esperando) *some new styles soon.*
   a. *hoping*
   b. *waiting*
   c. *expecting*
8. *Is the* ——— (dirección) *still the same?*
   a. *address*
   b. *stock*
   c. *kind*

RESPUESTAS
1—c; 2—c; 3—b; 4—b; 5—b; 6—a; 7—c; 8—a

LECCIÓN 35

A. DESAYUNO *BREAKFAST*

1. Mr. G: **You must be hungry.**
   Sr. G: Tendrás hambre.
2. Mrs. G: **Yes, I'd like to have breakfast.**
   Sra. G: Sí, quisiera desayunar.

3. Mr. G: **There's a good restaurant at the hotel.**

Sr. G: Hay un buen restaurante en el hotel.

4. Mrs. G: **That's a good idea. Let's go there.**

Sra. G: Es una buena idea. Vamos.

5. Mr. G: **Waiter! Waiter!**

Sr. G: ¡Camarero! ¡Camarero!

6. Waiter: **Yes, sir?**

Camarero: Dígame, señor.

7. Mr. G: **We'd like breakfast for two.**

Sr. G: Queremos desayuno para dos personas.

8. Mrs. G: **What can you recommend?**

Sra. G: ¿Qué recomienda?

9. Waiter: **Orange juice, coffee with milk, tea with lemon or with milk.**

Camarero: Jugo de naranja, café con leche, té con limón o con leche.

10. Mrs. G: **What do you serve with it?**

Sra. G: ¿Con qué lo sirven?

11. Waiter: **Hot or cold cereal, bacon and eggs, and toast.**

Camarero: Un cereal caliente o frío, huevos con tocino y pan tostado.

12. Mrs. G: **Is there any fresh fruit?**

Sra. G: ¿Hay fruta fresca?

13. Waiter: **Yes, ma'am.**

Camarero: Sí, señora.

14. Mrs. G: **Bring me some bacon and eggs, coffee, and muffins.**

Sra. G: Tráigame huevos con tocino, café y "muffins."

15. Mr. G: **I'll have some coffee with milk, scrambled eggs and buttered toast.**

Sr. G: Tomaré café con leche, huevos revueltos y pan tostado con mantequilla.

16.	Waiter:	**Certainly, sir. Would you like anything else?**
	Camarero:	Muy bien, señor. ¿Desea algo más?
17.	Mr. G:	**No, that'll be all.**
	Sr. G:	No, es todo.
18.	Mrs. G:	**Waiter, would you please bring me a napkin?**
	Sra. G:	Camarero, ¿quiere Ud. traerme una servilleta?
19.	Mr. G:	**And a fork for me, please.**
	Sr. G:	Y a mí me trae un tenedor, por favor.
20.	Mrs. G:	**Please bring me a little more sugar.**
	Sra. G:	Haga el favor de traerme un poco más de azúcar.
21.	Waiter:	**Certainly.**
	Camarero:	Está bien.
22.	Mr. G:	**May I have the check, please?**
	Sr. G:	La cuenta, por favor.
23.	Waiter:	**Here you are sir.**
	Camarero:	Aquí está, señor.
24.	Mr. G:	**Here, keep the change.**
	Sr. G:	Aquí tiene, quédese con el cambio.
25.	Waiter:	**Thank you very much, sir. Good-bye, ma'am.**
	Camarero:	Muchas gracias, señor. Adiós, señora.

NOTAS

1. Note otra vez que no hay tratamiento de tú en inglés sino que se debe emplear la forma *you* aunque los interlocutores sean íntimos.

Note que mientras que en español se usa "tener"—*to have*—en estas expresiones, en inglés se usa *to be*—"ser."

to be hungry	tener hambre
to be thirsty	tener sed
to be sleepy	tener sueño
to be cold	tener frío

to be warm	tener calor
to be right	tener razón
to be afraid	tener miedo

5. Note que los sustantivos *waiter* y *waitress* se traducen como "mesero" y "mesera" en ciertos países latinoamericanos.

7. Para los americanos e ingleses, el *breakfast* es más importante que nuestro desayuno. Se compone generalmente de huevos *(eggs)*, o huevos con jámon o tocino *(ham and eggs or bacon and eggs)*, cereales *(cereal)*, pan tostado *(toast)*, o *hot cakes*, una clase de tortilla de harina que se come con miel *(honey* = miel de abeja; o *maple syrup* = miel de arce).

14. *El muffin* es una clase de bizcocho que se toma con café o té para el desayuno or *teatime* (hora de la merienda), una costumbre típica de Inglaterra.

15. *I'll have* (tendré) se usa mucho en lugar de *I'll take* (tomaré) con el mismo sentido.

scrambled eggs	huevos revueltos
fried eggs	huevos fritos
soft-boiled eggs	huevos tibios
hard-boiled eggs	huevos cocidos

22. La palabra *check* se emplea también para decir cheque (del banco).

23. En inglés, hay solamente una palabra para decir "cambio" y "suelto": *change*.

RECONOCIMIENTO 8

1. ———— (Quisiera) *to have breakfast.*
   a. *I'd like*
   b. *I'll have*
   c. *I'm hungry*
2. ———— (Hay) *any fresh fruit?*
   a. *Please*
   b. *Is there*
   c. *Serve*

3. ——— (Tráigame) *some bacon and eggs.*
   a. *Take me*
   b. *Bring me*
   c. *Give me*
4. *I'll* ——— (tomaré) *some coffee.*
   a. *want*
   b. *bring*
   c. *have*
5. *That'll be* ——— (todo).
   a. *anything*
   b. *some*
   c. *all*
6. *a* ——— (poco más) *sugar*
   a. *anything else*
   b. *little more*
   c. *few*
7. *May I have the* ——— (cuenta), *please?*
   a. *price*
   b. *fork*
   c. *check*

RESPUESTAS
1—a; 2—b; 3—b; 4—c; 5—c; 6—b; 7—c

B. UN MENÚ TÍPICO

Menu	Menú
Hors d'oeuvres	Entremeses Variados
or	o
Noodle Soup	Sopa de Fideos
Roast Chicken	Pollo Asado
or	o
Sirloin Steak	Bistec de Filete
or	o

Lamb Chops	Chuletas de Cordero
Mashed Potatoes	Puré de Papas
or	o
French-fried Potatoes	Papas Fritas
or	o
Peas and Carrots	Chícharos y Zanahorias
Assorted Fruit	Fruta Variada
or	o
Apple Pie	Pastel de Manzana
or	o
Vanilla Ice Cream	Helado de Vainilla
Coffee or Tea	Café o Té

LECCIÓN 36

A. EN BUSCA DE ALOJAMIENTO
APARTMENT HUNTING

1. **I've come to see the apartment.**
   Vengo a ver el apartamento.
2. **Which one?**
   ¿Cuál de ellos?
3. **The one for rent.**
   El que se alquila.
4. **There are two.**
   Hay dos.
5. **Can you describe them?**
   ¿Puede Ud. darme algún detalle de los apartamentos?

6. **The one on the fifth floor is unfurnished.**
   El del quinto piso es sin muebles.
7. **And the other one?**
   ¿Y el otro?
8. **The one on the second floor is furnished.**
   El del segundo piso es amueblado.
9. **How many rooms do they have?**
   ¿Cuántas habitaciones tienen?
10. **The one on the fifth floor has four rooms, a kitchen, and a bath.**
    El del quinto tiene cuatro habitaciones, cocina, y baño.
11. **Does it face the street?**
    ¿Da a la calle?
12. **No, it faces the courtyard.**
    No, da al patio.
13. **What is the one on the second floor like?**
    ¿Cómo es el del segundo piso?
14. **The one on the second floor has a bedroom, a living room, and a dining room.**
    El del segundo tiene una alcoba, sala, y comedor.
15. **Does it also face out on a courtyard?**
    ¿Da también al patio?
16. **No, it faces the street.**
    No, da a la calle.
17. **How much is the rent?**
    ¿Cuánto es el alquiler?
18. **The larger one is six hundred fifty dollars a month, plus electricity and gas.**
    El alquiler del más grande es $650.00 al mes, además de la electricidad y el gas.
19. **And the furnished one?**
    ¿Y el amueblado?
20. **That one costs six hundred seventy-five dollars a month, everything included.**
    Ese cuesta $675.00 al mes, todo incluído.

21. **What kind of furniture does it have? Is the furniture in good condition?**
   ¿Qué clase de muebles tiene? ¿Están en buen estado?

22. **It's modern furniture, and it's in excellent condition.**
   Los muebles son modernos, y están en magníficas condiciones.

23. **Are linen, china, and silverware included?**
   ¿Están incluídos la ropa de cama, la vajilla y el servicio de mesa?

24. **You'll find everything you need, even a complete set of kitchen utensils.**
   Usted hallará todo lo que necesite, incluso un juego de utensilios de cocina.

25. **Do I have to sign a lease?**
   ¿Hay que firmar un contrato?

26. **You'll have to see the renting agent for that.**
   Para eso usted tendrá que ver al administrador.

27. **What are the terms?**
   ¿Cuáles son las condiciones?

28. **One month's rent in advance and another month's rent as a deposit.**
   Un mes adelantado y otro de fianza.

29. **Is that all?**
   ¿Es eso todo?

30. **Of course, you'll have to give references.**
   Por supuesto, Ud. tendrá que dar referencias.

31. **By the way, is there an elevator?**
   A propósito, ¿hay ascensor?

32. **No, there isn't any elevator.**
   No, no hay ascensor.

33. **That's too bad!**
   ¡Qué lástima!

34. **Aside from that, the building is very modern.**
   Aparte de eso, el edificio es muy moderno.

35. **What do you mean?**
    ¿Qué quiere Ud. decir?

36. **There are central air conditioning and laundry facilities.**
    Hay aire acondicionado central y una lavandería.

37. **Is there a shower and a bathtub?**
    ¿Hay una ducha y una bañera?

38. **Of course. The bathrooms were recently remodeled.**
    Por supuesto. Los cuartos de baño han sido reformados recientemente.

39. **Are there any closets?**
    ¿Hay guardarropas?

40. **Yes, lots of large ones.**
    Sí, muchos grandes.

41. **Can one see the apartments?**
    ¿Se pueden ver los apartamentos?

42. **Only in the morning.**
    Unicamente por las mañanas.

43. **Very well. I'll come tomorrow morning. Thanks a lot.**
    Muy bien. Vendré mañana por la mañana. Muchas gracias.

44. **Not at all. Glad to be able to help you.**
    De nada. Gusto en servirlo.

NOTAS

3. *To rent* = "alquilar"; *the rent* = "el alquiler".
   Se lee también en letreros Apartment to Let, y también Vacancy.

6. *Floor* quiere decir "piso" y "suelo" al mismo tiempo.
   unfurnished = sin muebles.
   furnished = amueblado.

8. Generalmente, en los Estados Unidos, la planta baja es *the first floor* ("primer piso"); entonces *the second floor* es el primer piso.

21. La palabra *furniture* no tiene plural, corresponde al español mobiliario. Muebles modernos = *modern furniture*. Véase Gramática pp. 226–228.

23. *Linen* incluye *bed linen* (ropa de cama), *sheets and pillowcases* (sábanas y fundas); *table linen* (mantelería), *tablecloths and napkins* (manteles y servilletas); y *towels and dish towels* (toallas y secadores).

35. *What do you mean?* Para la construcción de este verbo, véase p. 199.

41. *Can one see the apartments?* "¿Puede uno ver los apartamentos?" Muy a menudo se traduce el reflexivo español con las formas impersonales: *one, they, people*.

One can hire a car.	Uno puede alquilar un coche.
They speak French in France.	Se habla francés en Francia.
People say that he is guilty.	Se dice que él tiene la culpa.
You can walk over the bridge.	Se puede atravesar el puente a pie.

El uso de "¿Se puede?" para pedir permiso se traduce *May I? May I come in?* = ¿Se puede pasar?

44. *Glad to be able to help you.* "Encantado de poder ayudarlo." En inglés las fórmulas de cortesía se usan generalmente más cortas y menos variadas que en español. No hay ningún equivalente para "servidor de usted," "para servirle," "a sus órdenes," etc. También se usa solamente *please* en lugar de Sírvase ..., Hágame el favor ..., Tenga la bondad ... (véase pp. 119–120).

RECONOCIMIENTO 9

1. *I've come to* ——— (ver) *the apartment*.
   a. *go*
   b. *see*
   c. *look*

2. ———— (Cuál) one?
   a. *Why*
   b. *Who*
   c. *Which*
3. ———— (Hay) *two*.
   a. *There are*
   b. *They have*
   c. *It is*
4. *It is* ———— (sin muebles).
   a. *furnished*
   b. *for rent*
   c. *unfurnished*
5. *Does it face the* ———— (calle)?
   a. *courtyard*
   b. *street*
   c. *floor*
6. *How many* ———— (habitaciones) *do they have?*
   a. *apartment*
   b. *furniture*
   c. *rooms*
7. ———— (Cuánto) *is the rent?*
   a. *How much*
   b. *How many*
   c. *Which*
8. *That one* ———— (cuesta) $175.
   a. *costs*
   b. *is*
   c. *need*
9. *You* ———— (hallará) *everything you need.*
   a. *have to*
   b. *included*
   c. *will find*
10. ———— (Se pueden) *one see the apartments?*
   a. *Need*
   b. *Can*
   c. *Do*

RESPUESTAS
1—b; 2—c; 3—a; 4—c; 5—b; 6—c; 7—a; 8—a; 9—c;
10—b

B. Los Auxiliares

1. *to be* = ser, estar

to be se usa:
a. Para construir la voz pasiva (véase Gramática pp. 255–256):

Their house was destroyed by fire.	Su casa fue destruída por un incendio.
The child has been punished by the teacher.	El niño fue castigado por el maestro.
The report will be finished tonight.	El reporte se terminará esta noche.

b. Para formar la forma progresiva (véase Gramática pp. 256–258):

The businessmen are holding a meeting.	Los hombres de negocios están en una junta.
He was waiting for an hour.	Estuvo esperando por una hora.
We'll be listening to the program tonight.	Escucharemos el programa esta noche.

2. *to have* = haber

To have se usa para formar los tiempos compuestos (véase Gramática p. 249):

This year I have taken some English lessons.	Este año he tomado clases de inglés.

Had you written the letter?	¿Había escrito Ud. la carta?
Has your brother come?	¿Ha venido su hermano?
Have you ever been to the opera?	¿Has ido alguna vez a la ópera?
Have you eaten?	¿Ya ha comido?
He has not shaved.	Todavía no se ha afeitado.

3. *To do* = hacer

    a. *To do* se usa como auxiliar para la formación de negativos e interrogativos de todos los verbos excepto *to be*. (véase Gramática pp. 240–242.)

I know.	Yo sé.
I don't know.	Yo no sé.
Do you know?	¿Sabe Ud.?
Don't you know?	¿No sabe Ud.?
He came.	Vino.
He did not come.	No vino.
Did he come?	¿Vino él?
Didn't he come?	¿No vino él?

    b. *To do* se usa también para dar énfasis:

Do come!	¡Venga sin falta!
I did go.	¡Sí fui!

PRUEBA 31

1. *He was waiting for an hour.*
2. *He did not come.*
3. *I did go!*
4. *Has your brother come?*

    a. ¿Había escrito Ud. la carta?
    b. ¿Ya ha comido?
    c. El reporte se terminará esta noche.
    d. Estuvo esperando por una hora.

5. *The report will be finished tonight.*

e. ¿Ha venido su hermano?

6. *I don't know.*

f. Escucharemos el programa esta noche.

7. *Have you eaten?*

g. ¡Sí fui!

8. *Do come!*

h. ¡Venga sin falta!

9. *Had you written the letter?*

i. Yo no sé.

10. *We'll be listening to the program tonight.*

j. No vino.

RESPUESTAS

1—d; 2—j; 3—g; 4—e; 5—c; 6—i; 7—b; 8—h; 9—a; 10—f

LECCIÓN 37

A. SOY TURISTA
I'M A TOURIST

1. **Pardon me.**
   Perdone usted.
2. **What can I do for you?**
   ¿En qué puedo servirle?
3. **Could you give me some information?**
   ¿Podría darme Ud. alguna información?
4. **Gladly.**
   Con mucho gusto.
5. **I don't know this town, and I can't find my way around.**
   No conozco la ciudad y no puedo orientarme.
6. **Well, it's very simple.**
   Pues, es muy sencillo.

7. **You see, I'm a tourist.**
Es que soy turista.

8. **In that case, I'll show you the town.**
En ese caso, le enseñaré la ciudad.

9. **I'd appreciate that a lot.**
Se lo agradecería mucho.

10. **Do you see that large building on the corner?**
¿Ve ese edificio grande en la esquina?

11. **The one with the flag?**
¿Aquél de la bandera?

12. **That's right. That's the Post Office. Opposite it, on the other side of the street . . .**
Exactamente. Ese es el correo. Enfrente, al otro lado de la calle . . .

13. **Where?**
¿Dónde?

14. **Over there. Do you see that other building with the clock?**
Allá. ¿Ve usted ese otro edificio con el reloj?

15. **Oh, yes, now I see.**
Ah sí, ya veo.

16. **That's the City Hall.**
Es el Ayuntamiento.

17. **I see . . . By the way, what's the name of this street?**
Ya veo . . . A propósito, ¿cómo se llama esta calle?

18. **Main Street.**
La Calle Main.

19. **Where is the Police Station?**
¿Dónde está la Comisaría de Policía?

20. **At the end of the street. Go straight ahead.**
Al final de la calle. Siga Ud. todo derecho.

21. **What if I miss it?**
¿Y si la paso de largo?

22. **You can't miss it. It's a big building with an iron fence around it. . . . You see that store?**

No tiene pérdida. Es un edificio grande, rodeado de una verja. . . . ¿Ve usted esa tienda?

23. **Which store? The one on the right?**
¿Cuál tienda? ¿La que está a la derecha?

24. **Right. The one with a large green globe in the window.**
Exacto. Aquélla que tiene un globo verde en la ventana.

25. **Is it a barber shop?**
¿Es una peluquería?

26. **No, it's a pharmacy. The doctor lives right next door. His name is on the door.**
No, es una farmacia. En la casa de al lado vive el médico. Su nombre está en la puerta.

27. **Does he have his office there as well?**
¿Tiene su consultorio en la misma casa en que vive?

28. **Yes, but he spends every morning at the hospital.**
Sí, pero se pasa las mañanas en el hospital.

29. **Where is the hospital?**
¿Dónde está el hospital?

30. **The hospital is two blocks from here, just before you come to the main highway.**
El hospital está a dos cuadras de aquí, un poco antes de llegar a la carretera.

31. **How can I get back to my hotel?**
¿Cómo puedo volver a mi hotel?

32. **Go this way. You see it there, next to the . . .**
Vaya Ud. por aquí. Lo ve allí junto al . . .

33. **. . . movie theater. That's right, isn't it?**
. . . cine. ¿No es así?

34. **Yes.**
Exacto.

35. **Now I understand.**
Ya me doy cuenta.

36. **Why don't you buy yourself a guidebook?**
¿Por qué no se compra Ud. una guía?

37. **That's not a bad idea. Where can I buy one?**
    No es mala idea. ¿Dónde podría comprar una?

38. **In the station or at any newspaper stand.**
    En la estación o en cualquier puesto de periódicos.

39. **Is the station far from here?**
    ¿Está la estación lejos de aquí?

40. **The station is at the end of Independence Avenue.**
    La estación está al final del Paseo de la Independencia.

41. **Where is a newspaper stand near here?**
    ¿Dónde hay un puesto de periódicos por aquí?

42. **There's one on this corner.**
    En la esquina hay uno.

43. **Thank you very much.**
    Le estoy muy agradecido.

44. **You're welcome. I'm very glad to have been of any help to you.**
    De nada. Me alegro mucho de haberle sido útil.

45. **I was certainly lucky to meet you. You really know this town very well.**
    He tenido una gran suerte en haberle encontrado. Verdaderamente usted conoce muy bien la ciudad.

46. **No wonder. I'm the mayor.**
    No es para menos. Soy el alcalde.

NOTAS

1. *Pardon me.* "Perdóneme." También se puede decir: *I beg your pardon. Can you tell me, Please tell me, Will you please tell me* = Sírvase Ud. decirme.

3. La palabra *information,* información o informes, se usa solamente en el singular: *the information you gave me* (los informes que Ud. me dió); *Where is Information?* (¿Dónde está la oficina de información?). Hay palabras que, al contrario, se usan solamente en sus formas plurales: *news,* noticia; *means,* medio; *people,* gente.

Do you know the news?   ¿Sabe Ud. la noticia?
by these means   por este medio
These people are tall.   Esta gente es alta.

(Véase Gramática pp. 226–228.)

5. *I don't know.* No conozco. Para el verbo *to know,* véase p. 266. *To find one's way* ("encontrar su camino") se emplea con más frecuencia que *to orient oneself* o *to get one's bearings.*

8. *I'll show you:* futuro, véase Gramática pp. 251–252.

9. *I'd appreciate:* condicional, véase Gramática p. 252.

21. *Miss:* pasarse, pasar de largo. También quiere decir extrañar, echar de menos o faltar. *She misses her son.* Extraña a su hijo. *I'm missing five dollars.* Me faltan 5 dólares.

26. *Next door* ("la próxima puerta") = la puerta, o casa, de al lado.

27. *Office* = consultorio. *Office* se emplea también para "oficina".

31. *To get back* (volver) también se dice *to come back* o *to return.*

33. *That's right, isn't it?* ¿No es así? (¿Verdad?)

35. *I understand* = "entiendo." El modismo darse cuenta se traduce por el verbo *to realize. I had not realized it was so late.* No me había dado cuenta que era tan tarde.

44. *You're welcome.* No hay de qué, de nada. Este modismo es el equivalente a cualquier expresión que se conteste después de recibir las gracias.

45. *to be lucky* = tener suerte
to be unlucky = no tener suerte
luck = suerte
bad luck = mala suerte
Good luck! = ¡Buena suerte!
chance = suerte; casualidad
I saw him by chance. Lo vi por casualidad.

46. *No wonder.* ("Ninguna maravilla.") No es para menos. Con razón.

RECONOCIMIENTO 10

1. *It's very* —— (sencillo).
   a. *other*
   b. *simple*
   c. *lucky*

2. *I'll* —— (enseñar) *you.*
   a. *call*
   b. *show*
   c. *miss*

3. *that big building at the* —— (esquina)
   a. *corner*
   b. *street*
   c. *block*

4. *That's the* —— (correo).
   a. *station*
   b. *post office*
   c. *store*

5. *Do you see that* —— (tienda)?
   a. *corner*
   b. *store*
   c. *building*

6. *Next door, there is a* —— (médico).
   a. *doctor*
   b. *pharmacy*
   c. *hospital*

7. *His name is on the* —— (puerta).
   a. *house*
   b. *door*
   c. *office*

8. *Why don't you buy yourself a* —— (guía)?
   a. *mayor*
   b. *globe*
   c. *guidebook*

9. *just before you come to the* ———— (carretera)
    a. *block*
    b. *main highway*
    c. *station*
10. *It's the* ———— (Ayuntamiento).
    a. *City Hall*
    b. *movies*
    c. *building*

RESPUESTAS
1—b; 2—b; 3—a; 4—b; 5—b; 6—a; 7—b; 8—c; 9—b;
10—a

LECCIÓN 38

A. UN VIAJE POR AVIÓN
A TRIP BY PLANE

1. **Is this the Mercury Airlines counter?**
¿Es éste el mostrador de las líneas aéreas Mercury?
2. **Yes it is. May I help you?**
Sí, señor. ¿En qué puedo servirle?
3. **I'd like to check my reservation for today's flight to Mexico City.**
Quisiera comprobar si tengo mi reservación para el vuelo de hoy a la ciudad de México.
4. **May I see your ticket and passport?**
¿Me permite su billete y pasaporte?
5. **Is everything in order?**
¿Está todo en orden?

6. **Yes, it is. Where's your luggage?**
   Sí, señor. ¿Dónde está su equipaje?

7. **It's over there.**
   Está allí.

8. **Very well. It weighs exactly thirty pounds.**
   Muy bien. Pesa exactamente treinta libras.

9. **Do I get a baggage check?**
   ¿Me da Ud. una contraseña de equipaje?

10. **Yes, you do. Here it is. Now, go to gate number seven. Your flight number is 326** *(three-twenty-six).*
    Sí, señor. Aquí la tiene. Diríjase a la puerta número siete. Su número de vuelo es el 326.

11. **What time does the plane leave?**
    ¿A qué hora sale el avión?

12. **At 4:30 P.M.**
    A las 4:30 P.M.

13. **Excuse me. Is this gate seven?**
    Perdone Ud. ¿Es esta la puerta siete?

14. **Yes, it is. We are boarding the plane at any moment.**
    Sí, señor. Subiremos al avión de un momento a otro.

15. **Why, I'm right on time!**
    ¡Hombre, estoy muy a tiempo!

EN EL AVIÓN
—*ON THE PLANE*—

16. **I'm looking for seat 11A. Is it on the aisle?**
    Busco el asiento número 11A. ¿Está al lado del Pasillo?

17. **No, it's right here, next to the window.**
    No, está aquí mismo, al lado de la ventana.

18. **When do we take off?**
    ¿Cuándo despegamos?

19. **In about five minutes. No smoking, please.**
    Dentro de cinco minutos. Se prohibe fumar.

Volando
—In Flight—

20. **Miss! When do we land in Washington?**
   ¡Señorita! ¿Cuándo aterrizamos en Washington?
21. **Are we landing now?**
   ¿Estamos aterrizando?
22. **Yes, we are. Please fasten your seat belt. Here, let me help you. There!**
   Sí, señor. Tenga la bondad de ajustarse el cinturón de seguridad. Permita que le ayude. ¡Así!
23. **Thank you!**
   ¡Gracias!
24. **You're welcome. Well, here we are!**
   De nada. Pues, ¡ya llegamos!

NOTAS

2, 10. *Yes, it is. Yes, you do.* Algunas respuestas afirmativas y negativas que frecuentemente no tienen traducción directa. Es muy fácil formar la respuesta: se usa la misma forma del verbo auxiliar de la pregunta.

Are we landing?	¿Estamos aterrizando?
Yes, we are.	Sí, señor.
Does he swim well?	¿Nada él bien?
Yes, he does.	Sí, nada bien.
Did you go there?	¿Fue Ud. allí?
No, I didn't.	No, no fui.
Did they buy the house?	¿Compraron la casa?
Yes, they did.	Sí, la compraron.

A veces, el español tiene una construcción gramatical que es semejante:

¿Tiene Ud. dinero?	*Do you have any money?*
Sí, tengo.	*Yes, I do.*

18. Algunas expresiones usadas durante vuelos en avión:

to take off	despegar
to land	aterrizar
to crash	estrellarse
to be air-sick	estar mareado
the runway	la pista de aterrizaje
the crew	la tripulación

RECONOCIMIENTO 11

1. *Is everything* ———— (en orden)?
    a. *air-sick*
    b. *in order*
    c. *to order*
2. *Do you have any* ———— (equipaje)?
    a. *luggage*
    b. *check*
    c. *belt*
3. *Your* ———— (vuelo) *number is 326.*
    a. *check*
    b. *ticket*
    c. *flight*
4. *Do we* ———— (aterrizamos) *in Washington?*
    a. *take off*
    b. *leave*
    c. *land*
5. *Please* ———— (ajustar) *your seat belt.*
    a. *get*
    b. *do*
    c. *fasten*
6. *Let me* ———— (ayudar) *you.*
    a. *help*
    b. *take*
    c. *have*

7. *It* ——— (pesa) *exactly thirty pounds.*
   a. *weighs*
   b. *takes*
   c. *has*

RESPUESTAS
1—b; 2—a; 3—c; 4—c; 5—c; 6—a; 7—a

LECCIÓN 39

A. EN EL METRO
IN THE SUBWAY

1. **Excuse me, sir. Where is the nearest subway?**
   Dispense, señor. ¿Dónde queda el metro (subterráneo) más cercano?
2. **Over there on that corner. Do you see the entrance?**
   Allá en aquella esquina. ¿Ve Ud. la entrada?
3. **Yes, I do. Is that uptown or downtown?**[1]
   Ah, sí. ¿Es el que va hacia las afueras o hacia el centro?
4. **Uptown. The downtown station is on this side of the street.**
   Para las afueras. La estación del centro está en este lado de la calle.
5. **Thank you very much.**
   Muchas gracias.

---

[1] En la ciudad de Nueva York las expresiones *uptown* y *downtown* se usan para indicar dirección desde el *midtown,* o sea el área central de la ciudad. El distrito de *uptown* se halla hacia la parte norte del *midtown* o área central; el distrito de *downtown* se halla hacia el sur. En otras partes de los EE. UU., *downtown* se usa generalmente para nombrar el distrito principal comercial y de negocios de una ciudad.

6. **You're welcome.**
De nada.

EN LA ESTACIÓN
—IN THE STATION—

7. **Excuse me. I'm a visitor here. How do you pay to enter the subway?**
Perdone Ud. Soy forastero. ¿Cómo se paga para entrar en el metro?

8. **Go over to that token booth and buy a token for a dollar twenty-five. Then put it into the turnstile. That's all!**
Vaya Ud. a aquella caseta y compre una ficha por un dólar veinticinco. Después deposítela en el torniquete. ¡Nada más! (Eso es todo.)

9. **Thank you!**
¡Muchas gracias!

10. **One, please!**
¡Una, por favor!

EN EL ANDEN
—ON THE PLATFORM—

11. **Excuse me, sir. Which train goes to Times Square?**
Perdone, señor. ¿Cuál tren va a Times Square?

12. **Any train from this platform.**
Cualquier tren que pare en este andén.

13. **Watch your step! Let them off! Please don't push!**
¡Mire donde pisa! ¡Déjenlos bajar! ¡Favor de no empujar!

14. **Is this the train to Times Square?**
¿Es este el tren para Times Square?

15. **Yes, it is.**
    Sí, señor.
16. **Does this train stop at every station?**
    ¿Para este tren en cada estación?
17. **No, it doesn't. It's an express. Only the locals do.**
    No, señor. Es un express. Sólo los locales paran (en cada estación).
18. **How do you know which train to take?**
    ¿Cómo sabe uno qué tren debe tomar?
19. **There's a map in every phone book, in every station, and in every car. There's one behind you!**
    Hay un mapa en todas las guías telefónicas, en todas las estaciones y en todos los carros del tren. ¡Hay uno detrás de Ud.!
20. **Ah, yes! How interesting! Thank you very much. I love New York!**
    Ah, sí. ¡Qué interesante! ¡Muchas gracias! ¡Me encanta Nueva York!

NOTAS

1, 7, 11. *Excuse me; pardon me:* Dispense Ud., Perdone Ud. se usan sin distinción para pedir permiso. *I beg your pardon!* ("Ruego su perdon") se usa más bien después de cometer la acción o sea para pedir excusas. La contestación desde luego depende de la situación: *That's all right* ("Está bien") se usa si uno no está enojado o lastimado; en caso contrario se puede usar la expresión *Why don't you be more careful!* ("¿Por qué no tiene Ud. más cuidado?").

7. El verbo *to enter* (entrar) se usa sin preposición: *He entered the room without making any noise.* (Entró en el cuarto sin hacer ningún ruido.)

11. *Times Square:* La plaza más famosa de Nueva York que queda en la intersección de Broadway y de la calle

42. Le pusieron así por el edificio *Times* donde el famoso periódico de Nueva York, *New York Times,* se publicaba. Los numerosos anuncios luminosos de neón hacen que *Times Square* sea más brillante durante la noche que durante el día.

13. Note como en inglés una preposición se puede usar sin el verbo con que se usa generalmente; este verbo está sobreentendido.

Let them (get) off!	¡Déjenlos bajar!
He saw me (going) off at the station.	Fue a desperdirme a la estación.
He invited her (to go) out.	La invitó a salir.

16, 17.   Dos otros ejemplos del empleo del verbo *do.* Véase p. 192.

20. *How interesting!* "¡Qué interesante!" Además del sentido de "¿Cuánto?" *(How much?)* o de "¿Cómo?" *(How do you like New York?* "¿Qué le parece a Ud. Nueva York?"), *how* puede indicar la exclamación:

How pretty!	¡Qué bonita!
How difficult!	¡Qué difícil!
How strange!	¡Qué extraño!

PRUEBA 32

1. *How interesting!*   a. De nada.
2. *every station*   b. ¡Déjenlos bajar!
3. *Excuse me!*   c. ¡Mire donde pisa!
4. *downtown*   d. ¿En dónde queda el metro más cercano?
5. *Let them off!*   e. hacia el centro
6. *Watch your step!*   f. ¡Qué interesante!
7. *Where's the nearest subway?*   g. ¡Dispense Ud.!

8. *on that corner*	h. cada estación
9. *You're welcome.*	i. ¿Para este tren en cada estación?
10. *Does this train stop at every station?*	j. en aquella esquina

RESPUESTAS
1—f; 2—h; 3—g; 4—e; 5—b; 6—c; 7—d; 8—j; 9—a;
10—i

B. LOS VERBOS MÁS COMUNES Y SUS FORMAS

Note que los verbos en inglés no dependen solamente de las
terminaciones para indicar la persona que habla. Así es que
se dice: *I speak* = hablo; *we speak* = hablamos. Sólo el uso
del pronombre indica la persona.

1. *to be* = ser, estar

   No hay ninguna distinción entre "ser" y "estar"; siempre se usa *to be*.

PRESENTE		PASADO	PARTICIPIO PASADO[1]	FUTURO	IMPERATIVO
I	*am*	*was*	*been*	*will be*	
he	*is*	*was*		*will be*	
we	*are*	*were*		*will be*	
you	*are*	*were*		*will be*	*Be . . .*
they	*are*	*were*		*will be*	

How are you?	¿Cómo está Ud.?
I'm tired.	Estoy cansado.
I was over there last year.	Estuve allí el año pasado.

[1] El participio pasado se usa en los tiempos compuestos del verbo y a veces
como adjetivo.

He'll be back shortly.	Volveré pronto.
How was the trip?	¿Qué tal ha sido el viaje?
When will the wedding be?	¿Cuándo será la boda?
Be good, my child!	¡Sé bueno, hijo mío!
I'm hungry.	Tengo hambre.
He is right.	Tiene razón.
They are sleepy.	Tienen sueño.
We were wrong.	No tuvimos razón.
I'm sorry.	Lo siento.
She is cold.	Tiene frío.
We are warm.	Tenemos calor.
It was necessary.	Fue necesario.

2. *to have* = tener, haber

	PRESENTE	PASADO	PARTICIPIO PASADO	FUTURO	IMPERATIVO
I	have	had	had	will have	
he	has	had		will have	
we	have	had		will have	Let us have . . .
you	have	had		will have	Have . . .
they	have	had		will have	Let them have . . .

I have this.	Tengo esto.
I don't have anything.	No tengo nada.
Do you have it?	¿Lo tiene Ud.?
I don't have it.	No lo tengo.
I have time.	Tengo tiempo.
Do you have any friends in New York?	¿Tiene Ud. amigos en Nueva York?
I don't have any friends in New York.	No tengo amigos in Nueva York.
Do you have a cigarette?	¿Tiene Ud. un cigarrillo?
I don't have any cigarettes.	No tengo cigarrillos.
Do you have a light?	¿Tiene Ud. fuego?

I don't have matches.	No tengo fósforos.
I have a headache.	Tengo dolor de cabeza.
I have a toothache.	Tengo dolor de muelas.
I have to leave.	Tengo que irme.
I have to write a letter.	Tengo que escribir una carta.
I have a lot to do.	Tengo mucho que hacer.
Have patience!	¡Tenga paciencia!
Have a drink!	¡Beba algo!

3. *to do* = hacer

"Hacer" también se traduce por *to make*. Se traduce por *to make* cuando se entiende "hacer algo" en el sentido de fabricarlo: *She made the cake.* Ella hizo el pastel.

		PARTICIPIO		
PRESENTE	**PASADO**	**PASADO**	**FUTURO**	**IMPERATIVO**
I *do*	*did*		*will do*	
he *does*	*did*		*will do*	
we *do*	*did*	*done*	*will do*	
you *do*	*did*		*will do*	*Do . . .*
they *do*	*did*		*will do*	

How do you do?	¿Cómo le va?
He's doing his best.	Hace lo posible.
That will do.	Eso sirve.
Don't do that.	No haga eso.
What shall I do?	¿Qué hago?
Do as you please.	Haz lo que quieras.
Has he already done it?	¿Ya lo hizo?
How do you do this?	¿Cómo se hace esto?
What are you doing?	¿Qué haces?
Can you show me how to do this?	¿Me puede enseñar cómo hacer esto?
He did it.	Lo hizo él.

What's to be done?	¿Qué tenemos que hacer?
I don't know what to do.	No sé qué hacer.
Do it once more.	Hágalo otra vez.
Don't do it any more.	No lo haga más.
We have never done it.	Nunca lo hemos hecho.
Do it quickly.	Hágalo rápido.
It's done.	Está hecho.
I've just done it.	Acabo de hacerlo.
You shouldn't do it.	Ud. no debería hacerlo.

PRUEBA 33

1. *Don't do that.*
2. *She made the cake.*
3. *What are you doing?*
4. *Do it quickly.*
5. *It's done.*
6. *He did it.*
7. *I've just done it.*
8. *How do you do this?*
9. *What's to be done?*
10. *I don't know what to do.*

a. Ella hizo el pastel.
b. No haga eso.
c. No sé qué hacer.
d. Lo hizo él.
e. Hágalo rápido.
f. ¿Qué haces?
g. Está hecho.
h. Acabo de hacerlo.
i. ¿Qué tenemos que hacer?
j. ¿Cómo se hace esto?

RESPUESTAS

1—b; 2—a; 3—f; 4—e; 5—g; 6—d; 7—h 8—j; 9—i; 10—c.

    4. *I can* = puedo

Este verbo expresa poder o habilidad. Tiene solamente dos formas, presente y pasado. Para los demás tiempos se usa el verbo *to be able to*.

			PARTICIPIO		
	PRESENTE	PASADO	PASADO	FUTURO	IMPERATIVO
I	*can*	*could*	—	—	—
he	*can*	*could*	—	—	—
we	*can*	*could*	—	—	—
you	*can*	*could*	—	—	—
they	*can*	*could*	—	—	—

I can do it.	Puedo hacerlo.
He can't.	No puede.
Can they come?	¿Pueden venir?
I don't see how he can do it.	No veo cómo puede hacerlo.
I couldn't answer the question.	No pude contestar la pregunta.
We couldn't go.	No pudimos ir.
Can you help me?	¿Puede ayudarme?
Would you be able to do it?	¿Podría hacerlo?
I won't be able to come.	No podré venir.
She can swim very well.	Sabe nadar muy bien.
Can you play golf?	¿Sabe jugar al golf?

5. *I must* = debo

Este verbo expresa deber o probabilidad. Tiene solamente una forma: *must*, y un tiempo: el presente. Para los demás tiempos se usa el verbo sinónimo: *to have to*.

I must go.	Debo ir.
She must be late.	Debe de ser tarde.
It must be.	Debe ser.
I must admit.	Debo reconocer.
I'll have to do it.	Tendré que hacerlo.
We had to leave early.	Tuvimos que irnos temprano.

6. *I may (might)* = puedo

El verbo *may* expresa permiso, probabilidad o deseo.
Tiene dos formas: la del presente, *may;* y la del
pasado, *might*. Para los demás tiempos se usa los verbos *to allow* y *to let*.

May I come in?	¿Puedo entrar?
May I?	¿Me permite Ud.? ¿Se puede?
It may be.	Puede ser.
It may be true.	Puede ser verdad.
It may rain tomorrow.	Puede ser que llueva mañana
May you live many years!	¡Que viva usted muchos años!
May God help us!	¡Que Dios nos ayude!
I thought it might snow.	Pensé que podía nevar.
He asked me whether he might leave early.	Me preguntó si podía irse temprano.
Will you allow me to go?	¿Me permitirá ir?

7. *ought to, should* = deber

Estos dos verbos se usan para expresar deber. Tienen
solamente una forma.

I ought to go.	Debo ir.
I should do that.	Debería hacer eso.
You ought to study English.	Debería estudiar inglés.
He should buy a car.	Debería comprar un coche.

8. *to owe (owed)*[1] = deber, adeudar

How much do I owe you?	¿Cuánto le debo?
You don't owe me anything.	No me debe nada.
owing to	debido a

---

[1] La forma entre paréntesis es el pasado.

9. *to be worth* = valer

What's it worth?	¿Cuánto vale?
It's worth the money.	Eso vale su precio.
It's worth trying.	Vale la pena intentarlo.
It's not worthwhile.	No vale la pena.

10. *to agree (agreed)* = estar de acuerdo

We have to agree on the time of departure.	Tenemos que ponernos de acuerdo sobre la hora de salida.
I don't agree with you.	No estoy de acuerdo con Ud.
Agreed!	¡De acuerdo!
Wine doesn't agree with me.	El vino me hace daño.

11. *to happen (happened)* = suceder

It happened in 1939.	Sucedió en 1939.
What happened?	¿Qué pasó?
whatever happens	suceda lo que suceda

12. *to enjoy (enjoyed)* = gozar de, disfrutar, divertirse, agradar

I enjoyed myself at the party.	Me divertí en la fiesta.
Did you enjoy the show?	¿Te gustó el espectáculo?
He is enjoying his vacation very much.	Está disfrutando mucho de sus vacaciones.
I enjoy my work.	Me agrada mi trabajo.

13. *to realize*[1] *(realized)* = darse cuenta, lograr

---

[1] *To realize* casi siempre se usa en su sentido de "darse cuenta de." El otro sentido, "realizar," se usa más bien en el lenguaje comercial o formal.

She did not realize the danger.	No se dió cuenta del peligro.
I can't realize what happened.	No puedo darme cuenta de lo que sucedió.
She realized her dream.	Logró su sueño.

14. *to keep (kept)* = guardar, quedarse con

Keep the change.	Quédese con el cambio.
He keeps his money in the bank.	Guarda su dinero en el banco.
Keep away!	¡Apártese!
Keep quiet!	¡Cállate!
She keeps house very well.	Ella atiende su casa muy bien.
I keep it in mind.	Lo tengo presente.
He keeps late hours.	Se acuesta tarde.
They did not keep their word.	No cumplieron su palabra.
The police kept track of them.	La policía no les perdió de vista.
She kept repeating the same story.	Continuó repitiendo el mismo cuento.
He could not keep his eyes off her.	No podía apartar sus ojos de ella.
Keep an eye on the children.	Pon un ojo sobre los niños.

15. *to say (said), to tell (told)* = decir[1]

It is said that . . .	Se dice que . . .
That is to say . . .	Es decir . . .
He told it to me.	Me lo dijo.
He told me.	Me dijo.

---

[1] *To say* y *to tell* significan lo mismo pero se construyen de diferente manera: *to say* siempre lleva la preposición *to* mientras que *tell* se usa sin preposición cuando no tiene complemento directo.

He said to me . . .	Me dijo . . .
He said it to me.	Me lo dijo.
Tell me what happened.	Dígame lo que pasó.
Say it again.	Dígalo otra vez.
Who told you so?	¿Quién se lo dijo?
You don't say!	¡No me diga!

Cuando se citan las palabras exactas de alguien, solamente se puede usar *say:*

Robert said: "I'll never speak to him again."	Roberto me dijo: "Nunca más le hablaré."

Para el discurso indirecto ambas formas pueden usarse, teniendo en cuenta que cuando se emplea *tell*, debe mencionarse la persona a quien se le dijo la frase.

Jean said she was going abroad.	Juana dijo que se iba al extranjero.
Jean told me she was going abroad.	Juana me dijo que se iba al extranjero.

To tell se usa también con el significado de "contar" y en varios modismos.

The grandmother told the children a fairy tale.	La abuela les contó un cuento de hadas a los niños.
to tell a lie	decir una mentira
to tell the truth	decir la verdad

16. *to know (knew)* = saber, conocer[1]

Do you know where he lives?	¿Sabe Ud. dónde vive?

[1] No se distingue en inglés entre "saber" y "conocer"—los dos se traducen *to know.*

How should I know?	¿Qué sé yo?
Who knows?	¿Quieén sabe?
as far as I know	que yo sepa
Do you know what?	¿Sabe Ud. una cosa?
They don't know each other.	No se conocen.
to make known	dar a conocer

17. *to get (got)* = conseguir, recibir

He succeeded in getting a raise.	Tuvo éxito en conseguir un aumento.
He got a watch for his birthday.	Recibió un reloj para su cumpleaños.
You have to get used to it.	Tiene que acostumbrarse.
He got away with it easily.	Salió de eso fácilmente.
How do you get in?	¿Cómo se entra?
Where must I get off?	¿Dónde tengo que bajarme?
He got out this way.	Salió por aquí.
She gets up at 7 A.M.	Se levanta a las siete de la mañana.
It's time to get back to work.	Es tiempo de volver al tra bajo.
He got even with his enemy.	Se vengó de su enemigo.
I could not get rid of it.	No pude zafarme de esto.
She could not get over it.	No pudo consolarse.
I've got to do it tonight.	Tengo que hacerlo esta noche.
That gets on my nerves.	Eso me fastidia.

To get tiene una variedad tremenda de sentidos y usos. El significado principal de *to get* es "conseguir," "recibir." Este sentido se extiende con el uso de preposiciones: *I get off.* Me bajo. (Véase Gramática, p. 261.)

18. *to mean (meant)* = querer decir

What do you mean?	¿Qué quiere Ud. decir?
It means nothing to me.	No me importa.

He means well.	Tiene buenas intenciones.
What does this word mean?	¿Qué quiere decir esta palabra?

19. *to make (made)*[1] = hacer, fabricar

He is making his living over there.	Se gana la vida allá.
I have to make room for my new records.	Tengo que hacer sitio para mis discos nuevos.
The event was made known today.	El suceso fue dado a conocer hoy.
She made a hit on Broadway.	Produjo sensación en Broadway.
He made a big mistake.	Cometió un gran error.
Don't make fun of me!	¡No te burles de mí!
It doesn't make any difference.	No importa.
Make up your mind!	¡Decídete!
I could not make it out.	No pude comprenderlo.
Have you made up with her?	¿Te reconciliaste con ella?

20. *to like (liked)* = gustar

Este verbo tiene una construcción distinta del verbo "gustar": el nombre que en español es sujeto es objeto en inglés.

Do you like music?	¿Le gusta la música?
I like to read.	Me gusta leer.
She doesn't like to write.	No le gusta a ella escribir.
I would like to travel.	Me gustaría viajar.
I like this better than that.	Me gusta esto más que eso.
I don't like this at all.	Esto no me gusta nada.
as you like	como usted quiera

[1] Véase p. 192, *to do* = hacer.

21. *to let (let)* = permitir

Will you let me do it?	¿Me permite hacerlo?
Let it go at that.	Déjelo pasar.
Let me in.	Déjeme entrar.
Let us know as soon as possible.	Avísenos lo más pronto posible.
Let the cat alone.	No molestes al gato.

Let se usa para hacer sugerencias (con el pronombre *us*) y para formar la tercera persona del imperativo (véase p. 254).

Let's go!	¡Vamos!
Let's see.	Veamos.
Let him go.	Déjenlo ir.

22. *to fit (fit)* = sentar bien

This dress fits you well.	El vestido le queda muy bien.
It fits her badly.	Le queda mal.
It doesn't fit into this.	No encaja en esto.
This will fit well.	Esto le quedará bien.

23. *to call (called)* = llamar

The mother called her child.	La madre llamó a su niño.
They call him Mike.	Lo llaman Mike.
Call me tomorrow.	Llámame mañana. (por teléfono)
I'll call for you in the morning.	La voy a buscar en la mañana.
They called him back.	Lo hicieron volver.
I'll call back in the afternoon.	Llamaré otra vez por la tarde.

24. *to miss* = perder, faltar, echar de menos

He missed his train.	Perdió el tren.
One important document was missing.	Faltaba un documento importante.
I missed you.	Te eché de menos.
We missed the number of your house.	No nos dimos cuenta del número de su casa.
You just missed him.	Por poco lo encuentra aquí.

25. Unos modismos.

a. *to be supposed to* = se supone que

We're supposed to be there at nine.	Debemos estar allí a las nueve. (Se supone que estemos allí a las nueve.)

b. *to be expected to* = se espera que

He's expected to finish the work tonight.	Se espera que él termine el trabajo esta noche.

c. *to be used to* = estar acostumbrado

They're used to this type of work.	Están acostumbrados a esta clase de trabajo.

Used to + infinitivo se traduce con el imperfecto español:

She used to work with me.	Ella trabajaba conmigo.

d. *to have something done* = tener algo hecho
   to get something done = tener algo hecho

I had my hair cut.	Me corté el pelo.
I must get it done by tomorrow.	Tengo que tenerlo hecho para mañana.
He is going to have his car fixed.	Va a llevar su carro a arreglar.

PRUEBA 34

1. *How was the trip?*	a. Haga lo que quiera.
2. *Say it again.*	b. Tienen sueño.
3. *Keep quiet!*	c. Veamos.
4. *I had a lot to do.*	d. ¡Decídete!
5. *We couldn't go.*	e. ¿Qué quiere Ud. decir?
6. *She must be late.*	f. ¿Cómo fue el viaje?
7. *It may be true.*	g. Le queda mal.
8. *I ought to go.*	h. No estoy de acuerdo con Ud.
9. *What happened?*	i. ¡Cállate!
10. *I enjoyed myself at the party.*	j. Debo ir.
11. *What's it worth?*	k. ¿Cuánto le debo?
12. *How much do I owe you?*	l. Me divertí mucho en la fiesta.
13. *I don't agree with you.*	m. Tuve mucho que hacer.
14. *What do you mean?*	n. ¿Cuánto vale?
15. *Make up your mind!*	o. No podíamos ir.
16. *Do you like music?*	p. Debe de ser tarde.
17. *Let's see.*	q. Repítalo.
18. *It fits her badly.*	r. Puede ser que sea la verdad.
19. *They are sleepy.*	s. ¿Qué pasó?
20. *Do as you please.*	t. ¿Le gusta la música?

RESPUESTAS

1—f; 2—q; 3—i; 4—m; 5—o; 6—p; 7—r; 8—j; 9—s; 10—l; 11—n; 12—k; 13—h; 14—e; 15—d; 16—t; 17—c; 18—g; 19—b; 20—a

LECCIÓN 40

A.   ALGUNAS BROMAS *A FEW JOKES*

AN OPTIMIST[1]

The head of an important firm, *looking at* an *application*, is astonished when he notices that the applicant, *though lacking* experience, asks for a very high salary.

Rather puzzled, he asks him: "Doesn't it seem to you that you're asking for a rather high salary, considering the little experience you have?"

"On the contrary," replies the applicant. "Work performed by one who *knows* nothing about it is harder and should be better paid."

UN OPTIMISTA

Mirando una solicitud, el jefe de una firma importante se asombra cuando nota que el pretendiente al empleo, que carecía de experienecia, pide un sueldo excesivo.

—¿No le parece—le pregunta azorado,—que usted pide demasiado sueldo, dada la poca experiencia que tiene?

—Al contrario,—replica el aspirante,—un trabajo del que no se sabe absolutamente nada es más difícil y debe pagarse mejor.

NOTAS

Looking at: el verbo *to look* tiene muchos sentidos diferentes según la preposición adjunta. Por ejemplo: *to look at,* mirar; *to look after,* cuidar; *to look for,* buscar.

Application = solicitud; *to fill out an application* = hacer una solicitud.

[1] Note cómo difiere la punctuación de los diálogos en español de la del inglés. El guión que en español indica cada cambio de interlocutor se reemplaza en inglés con comillas.

Though lacking: después de la preposición, se usa el gerundio; nunca debe usarse el infinitivo ni la partícula *to*.

after leaving	después de salir
before working	antes de trabajar

You're asking: véase el presente progresivo en la Gramática, pp. 256–258.

Should be: condicional.

Knows: saber o conocer. Véase p. 198.

A MINOR LOSS

"Madam, please give me a copy of the *Times.* I don't have any change. *Could you* change this bill for me?"

"You can pay for it tomorrow," says the woman selling the newspaper.

"What if I die tonight?"

"Oh, *it wouldn't be* a very great loss."

UNA PÉRDIDA DE POCA IMPORTANCIA

—Señora, hágame el favor de darme el *Times.* No tengo suelto. ¿Podría usted cambiarme este billete?

—Ya me lo pagará usted mañana—dice la vendedora.

—¿Y si yo me muriera esta noche?

—¡Bah! No sería muy grande la pérdida.

NOTAS

Could you del verbo *can* (véase pg. 193, y la Gramática, p. 260).

Could you lend me some money?	¿Podrías prestarme dinero?
Could you give me your name?	¿Podría Ud. darme su nombre?
What if I die ...	Para las construcciones
It wouldn't be ...	condicionales, véase la gramática, p. 252

A LESSON IN ETIQUETTE

Peter and John go to a restaurant to eat. They both *ask for* steak. The waiter brings the steaks to them shortly afterwards. Peter grabs the *larger* steak.

John says to him angrily: "What bad manners you have! You helped yourself first and you took the larger piece."

Peter answers: *"If you had been in my place, which piece would you have taken?"*

"The smaller, of course."

"Then what are you complaining about? You have it, *don't you?"*

UNA LECCIÓN DE MODALES

Pedro y Juan van a comer a un restaurante. Ambos piden bistec. El camarero les sirve poco después. Pedro se apodera del bistec más grande. Juan, contrariado, le dice:

—¡Qué mal educado eres! Has sido el primero en servirte y has cogido el trozo más grande.

Pedro responde:

—Estando tú en mi lugar, ¿qué pedazo hubieras cogido?

—El más pequeño, por supuesto.

—Entonces, ¿de qué te quejas? ¿No lo tienes ahí?

NOTAS

Note la construcción del verbo *to ask for* (pedir). *To ask* sin la preposición *for* quiere decir "preguntar."

Larger: se usa el comparativo en lugar del superlativo cuando hay solamente dos objetos o personas. En caso que hubiera más de dos, se usaría el superlativo: *the largest.*

If you had been in my place, which piece would you have taken?	Si hubieras estado en mi lugar, ¿cuál pedazo habrías cogido?
If I had known, I would have gone with you.	Si yo hubiera sabido, me habría ido con usted.

Véase Gramática, pp. 258–259.
Don't you? = ¿Verdad?

THE CLEVER HEIR

An old gentleman made a will in which he left a large sum
of money to three old friends with the understanding that they
manage the fortune he left. Two of the men were saddened by
the death of their friend, but the third was very greedy.

The will specified that, on the day of the funeral, each man
had to drop a $5 bill into the old gentleman's coffin. After the
ceremony, the first man walked slowly to the coffin and
dropped in his $5 bill; the second man followed him and
dropped in the same amount; then, very reluctantly, the third
man walked toward the coffin, carefully wrote a check for $15
which he put in the dead man's hand, and took out the change.

EL HEREDERO LISTO

Un anciano hizo un testamento en el cual dejó una gran
cantidad de dinero a tres viejos amigos con la condición de
que administraran la fortuna que él dejó. Dos de los hombres
se entristecieron mucho por la muerte de su amigo, pero el
tercero era muy ávaro.

El testamento estipulaba que, en el día del funeral, cada
heredero debía depositar un billete de 5 dólares en el ataúd
del anciano. Después de la ceremonia, el primero se dirigió
lentamente al ataúd y depositó un billete de 5 dólares, el
segundo lo siguió y depositó otro billete; entonces, de mala
gana, el tercero caminó hacia el ataúd, cuidadosamente
escribió un cheque de 15 dólares que colocó en la mano del
difunto y tomó el cambio.

NOTAS

to drop	dejar caer, soltar
to drop in	depositar, entrar al pasar, entrar al ir de paso

to drop out	retirarse
to drop the subject	cambiar el tema
a drop	una gota
I dropped the letter in the mailbox.	Deposité la carta en el buzón.
My cousin dropped in last night.	Mi primo nos visitó anoche un rato.

B. AVISOS AL PÚBLICO Y ANUNCIOS

Public Notice	Aviso al Público
Men	Hombres
Women	Mujeres
Men's Room	Cuarto de Baño para Caballeros
Ladies' Room (Powder Room)	Cuarto de Baño para Damas
No Smoking	Prohibido Fumar
Open	Abierto
Closed	Cerrado
No Admittance	Se Prohibe la Entrada
Entrance	Entrada
Exit	Salida
Emergency Exit	Salida de Emergencia
Elevator	Elevador; Ascensor
Ground Floor	Planta Baja
Pull	Jale
Push	Empuje
Ring	Toque el Timbre
Knock	Llame, Toque la puerta
Private	Privado
Inquire Within	Información Dentro
Under New Management	Nueva Dirección
Will be Opened Shortly	Próxima Apertura
Open All Night	Abierto Toda la Noche
No Eating	Se Prohibe Comer

No Trespassing	Prohibido el Paso
Complaint Department	Departamento de Quejas
Apply at the Window	Atención por la Ventanilla
Money Exchanges	Oficina de Cambio
Information	Oficina de Información
For Sale	Se Vende
For Rent	Se Alquila
Unfurnished Apartment	Apartamento (No Amueblado)
Furnished Apartment	Se alquila apartamento amueblado
Sale	Barata
On Sale Here	Se Vende Aquí
Bargain	Ganga
Check Room	Guardarropa
Detour	Desvío
Road Under Repair	Carretera en Reparación
Dangerous Curve	Curva Peligrosa
Stop!	¡Alto!
Go!	¡Siga!
Look out!	¡Cuidado!
Danger!	¡Peligro!
Go Slow!	¡Despacio!
Caution	Precaución
Keep to the Right	Conserve su Derecha
Bridge	Puente
No Parking	Estacionamiento Prohibido
One-Way Street	Sentido Único
Railroad Crossing	Cruce de Ferrocarril
Underpass	Paso a Desnivel
Crossroads	Encrucijada
Speed Limit 30 Miles Hour	Velocidad Máxima 30 Millas/Hora
School—Go Slow	Escuela—Despacio
No Thoroughfare	No Traspasar
Highway	Carretera

Parkway	Autopista
Slippery	Resbalosa
High-tension Wires	Cables de Alta Tensión
No Hunting	Se Prohibe Cazar
No Fishing	Se Prohibe Pescar
Wet Paint!	¡Pintura Fresca!
Post No Bills	Se Prohibe Anunciar
Keep Off the Grass	Se Prohibe Pisar el Pasto
Subway	Metro, Subterráneo
Baggage Room	Sala de Equipaje
Waiting Room	Sala de Espera
Arrival	Llegada
Departure	Salida
Platform	Andén
Railroad	Ferrocarril
Express	Express
Local	Local
Stop	Parada
Don't Lean Out the Window	No asomarse por la ventanilla
Mail Box	Buzón
Ticket Office	Oficina de Boletos
Fire-alarm Box	Alarma de Incendios
Public Library	Biblioteca Pública
Police Station	Comisaría de Policía
Gas Station	Gasolinera
City Hall	Ayuntamiento
Post Office	Correo
Theater	Teatro
Evenings at 8:30	Noches a las 8.30
Box Office	Taquilla
Continuous Performance	Función Continua
Change of Program	Cambio de Programa
Movies	Cine
Refreshments	Refrescos
Formal Dress, Black Tie	Traje de Etiqueta, Corbata Negra

Cleaner's	Tintorería
Barber Shop	Barbería, Peluquería
Beauty Parlor	Salón de Belleza
Shoe Store	Zapatería
Laundry	Lavandería
Candy Store	Dulcería
Meat Market	Carnicería
Bakery	Panadería
Drugstore	Farmacia
Liquor Store	Vinos y Licores, Licotería
Bookstore	Librería

PRUEBA 35

1. *No Smoking*   a. Entrada
2. *Express*   b. Desvío
3. *No Parking*   c. No te asomes a la ven-
                                tana.
4. *Open*   d. Cerrado
5. *Exit*   e. Abierto
6. *Information*   f. Prohibido Fumar
7. *Detour*   g. Expreso
8. *Entrance*   h. Estacionamiento
                                Prohibido
9. *Closed*   i. Salida
10. *Don't lean out of the* j. Oficina de Información
    window.

RESPUESTAS

1—f; 2—g; 3—h; 4—e; 5—i; 6—j; 7—b; 8—a; 9—d;
10—c

ULTIMO RECONOCIMIENTO

1. *Please* ———— (dígame) *where the station is?*
    a. *allow me*
    b. *tell me*
    c. *bring me*

2. ——— (Puede) *you tell me where the post office is?*
   a. *Can*
   b. *Have*
   c. *Would*

3. *Where* ——— (hay) *a good restaurant?*
   a. *are*
   b. *is there*
   c. *find*

4. ——— (Tráigame) *some bread.*
   a. *Allow me*
   b. *Tell me*
   c. *Bring me*

5. ——— (Necesito) *soap.*
   a. *I need*
   b. *I want*
   c. *I wish*

6. ——— (Quisiera) *a little more meat.*
   a. *Bring me*
   b. *I want*
   c. *I would like*

7. *Let me* ——— (presentar) *you to my friend.*
   a. *introduce*
   b. *know*
   c. *say*

8. *We see* ——— (nos) *in the mirror.*
   a. *ourselves*
   b. *yourself*
   c. *us*

9. *Please speak more* ——— (despacio).
   a. *slowly*
   b. *fast*
   c. *enough*

10. ——— (Entiende usted) *English?*
    a. *Does he understand*
    b. *Do you speak*
    c. *Do you understand*

11. ——— (Vaya usted) *there*.
   a. *Go*
   b. *Speak*
   c. *Do*

12. ——— (Venga) *right away*.
   a. *Come*
   b. *Take*
   c. *Go*

13. *What's* ——— (mi) *name?*
   a. *mine*
   b. *my*
   c. *me*

14. *What's* ——— (la fecha) *today?*
   a. *the date*
   b. *the week*
   c. *the month*

15. *What* ——— (hora) *is it?*
   a. *time*
   b. *hour*
   c. *day*

16. ——— (No tengo) *cigarettes*.
   a. *I have some*
   b. *I don't have any*
   c. *I am not a*

17. *I don't want* ——— (nada).
   a. *nothing*
   b. *something*
   c. *anything*

18. ——— (Permítame) *introduce you*.
   a. *Give me*
   b. *Let me*
   c. *Tell me*

19. ——— (Sucedió) *in 1939*.
   a. *It took*
   b. *It happened*
   c. *It was*

20. ———— *(Cuánto) is a telegram to New York?*
   a. *How much*
   b. *How many*
   c. *When*
21. *We want* ———— *(desayuno) for two.*
   a. *breakfast*
   b. *lunch*
   c. *dinner*
22. *It's* ———— *(1:45).*
   a. *one-thirty*
   b. *a quarter to two*
   c. *a quarter past one*
23. *Come* ———— (mañana por la mañana).
   a. *yesterday morning*
   b. *tomorrow morning*
   c. *tomorrow noon*
24. ———— *(Cuál) is yours?*
   a. *What*
   b. *Which*
   c. *Who*
25. ———— *(Tengo) hungry.*
   a. *I have*
   b. *I am*
   c. *I need*

RESPUESTAS

1—b; 2—a; 3—b; 4—c; 5—a; 6—c; 7—a; 8—a; 9—a;
10—c; 11—a; 12—a; 13—b; 14—a; 15—a; 16—b; 17—c;
18—b; 19—b; 20—a; 21—a; 22—b; 23—b; 24—b; 25—b

SUMARIO DE GRAMÁTICA INGLESA

1. EL ALFABETO

LETRA	NOMBRE	LETRA	NOMBRE	LETRA	NOMBRE
a	ei	j	dyei	s	es
b	bi	k	kei	t	ti
c	ci	l	el	u	iu
d	di	m	em	v	vi
e	i	n	en	w	dobl iu
f	ef	o	o	x	eks
g	dyi	p	pi	y	uai
h	eich	q	kiu	z	dsi
i	ai	r	ar		

2. PRONUNCIACIÓN

VOCALES SIMPLES

a: 1. Tiene un sonido muy parecido al de la *a* española.
2. Un sonido breve entre *a* y *e*.
3. Un sonido muy parecido al diptongo *ei* como en la palabra española *deleite*.
4. Sonido de *e* española aunque no abunda.
5. Sonido de *o* española como en la palabra *col*.

e: 1. Un sonido equivalente al de la *i* española en la palabra *cinco*.
2. Sonido muy parecido al de la *e* española.
3. Un sonido que no tiene equivalente en español pero que está más o menos entre *e* y *o*.
4. La *e* final no se pronuncia en la mayoría de las palabras.

i: 1. Sonido muy breve de *i* que es casi una *e*.
2. Como la *i* española en algunas palabras.
3. Como el del diptongo *ai* en la palabra española *aire*.

4. Sonido, sin equivalente en español, entre *e* y *o*.

o: 1. Sonido como el diptongo *ou*.

2. Como la *u* española.

3. De una *o* muy breve parecida a la *a*.

4. Suena como *oa* cuando va seguida de *r* y *e* muda.

u: 1. Sonido como el diptongo *iu*.

2. Sonido parecido al de la *u* española.

3. Una *u* corta casi como una *a* breve que no tiene equivalente en español.

4. Un sonido entre *e* y *u*.

y: La *y* se emplea también como vocal en algunas palabras y entonces tiene sonido de *i* española o de *ai*.

COMBINACIONES DE VOCALES

ai, ay: Se parecen al diptongo español *ei* como en la palabra *reina* por ejemplo.

au, aw: Se pronuncian como una *o* muy abierta.

ea: 1. Como la *i* española.

2. Como el diptongo *ei* de la palabra *reina*.

3. Como la *e* española.

ee: Se pronuncia como la *i* española.

ei, ey: 1. Como la *i* española.

2. Como el diptongo español *ei*.

3. Como el diptongo español *ai*.

oa: Es equivalente al diptongo *ou* del español.

oe: 1. Se pronuncia muchas veces como el diptongo español *ou*.

2. Como la *u* española.

oo: 1. Un sonido que equivale a la *u* española.

2. Uno un poco más corto que la *u* española.

3. Uno como la *o* española pero más cerrado, casi como una *a*.

ou: 1. El mismo sonido de *u*.

2. Parecido al diptongo español *au*.

3. Como el diptongo español *ou*.

4. Como una *o* española pero más cerrada, casi como
   a.
5. Como la combinación *au* en inglés.

ui: 1. Se pronuncia algunas veces como *i* corta.

2. Se pronuncia otras veces como *u*.

uy: Se pronuncia como el diptongo español *ai*.

CONSONANTES

b: Tiene un sonido más fuerte que en español, que se
pronuncia apretando los labios.

c: 1. Antes de la *a, o, u*, suena como en castellano.

2. Antes de la *e, i, y*, se pronuncia como la *s* española.

d: Tiene el mismo sonido de la *d* española pero se pronuncia más fuerte. Se pronuncia lo mismo al final
de palabra.

f: Igual que el sonido de la *f* española.

g: 1. Sonido como la *g* española en las sílabas *ga, go, gu;*
lo tiene con todas las vocales.

2. Una *g* que equivale aproximadamente a la combinación de una *d* y una *ch*.

h: Tiene el mismo sonido de la *j* española, aunque no tan
fuerte, en la mayoría de las palabras.

j: La *j* inglesa tiene exactamente la misma pronunciación de la *g* en la palabra inglesa *gin*.

k: 1. Tiene el mismo sonido o pronunciación de la *c*
fuerte.

2. Es muda cuando le sigue una *n*.

l: Exacta a la *l* española.

m: Se pronuncia como en español.

n: Se pronuncia como en español.

p: Se pronuncia como en español.

q: Tiene el mismo sonido que en español y va siempre
seguida de la *u* que debe pronunciarse.

r: Se parece a la *r* española pero más suave.

s: 1. Hay una *s* inglesa igual a la española.

      2. Hay otra *s* que no tiene equivalente en español. El sonido se asemeja a un zumbido.

t: 1. Se pronuncia como la *t* española pero un poco más fuerte.

      2. Parecido al de la *s* en la palabra inglesa *sugar*.

      3. Como la *ch* española.

v: Similar a la *v* española pero con una pronunciación labidental marcada.

w: Más o menos como la *hue* española de la palabra *hueso*.

x: 1. Como la *x* española de la palabra *próximo*.

      2. Sonido fuerte de *cs* antes de una consonante o vocal acentuada.

y: Igual a la española, casi como una *i*.

z: No tiene equivalente en español pero se pronuncia como con un zumbido.

COMBINACIONES DE CONSONANTES Y DE VOCALES Y CONSONANTES

ch: Aunque esta combinación no se considera una letra del alfabeto, tiene la misma pronunciación que tiene en español en la mayoría de palabras.

gh: 1. A menudo no se pronuncia.

      2. Se pronuncia como una *f*.

      3. Se pronuncia en raras ocasiones como una sola *g*.

gu: La *u* es muda la mayoría de las veces.

ng: 1. Generalmente es igual a la *n* de la palabra española *banco*.

      2. En algunas palabras la *g* tiene sonido.

ph: Equivale a la *f*.

sc: La *c* se pronuncia como la *c* antes de vocales.

sch: Generalmente equivale a la combinación de una *s* y una *k*.

sh: No tiene equivalente en español. Se pronuncia como la última parte de la *ch* española.

th: Este importante sonido equivale a la *z* castellana o a
la *d*.

wh: Equivale más o menos a la combinación *ju* española
pero más suave.

3.   ACENTO

1. Todas las palabras tienen una sílaba que se acentúa
fuertemente: *con·di'tion*.
2. Algunas tienen dos acentos fuertes: *air' tight'*.
3. Las palabras largas generalmente tienen un segundo
acento más suave que el primero: *sec'ond·ar'y*.
No hay reglas fijas de acentuación. Se puede consultar
un diccionario para la acentuación de palabras individ-
uales.
4. No hay acento escrito como la tilde en (mamá).

4.   PUNTUACIÓN

La puntuación inglesa es muy parecida a la española.
Algunas de sus diferencias son:

1. Los signos de admiración y de interrogación no prece-
den la oración.

Where are you going?	¿Adónde va Ud.?
What a beautiful day!	¡Qué hermoso día!

2. Las comillas se usan generalmente en lugar del guión.

"Thanks a lot," he said.	Muchas gracias—dijo él.
"How are you?"	—¿Cómo está usted?
"Very well, thank you."	—Muy bien, gracias.

3. Las mayúsculas se usan más frecuentemente que en
español. Se usan con los adjetivos que denotan
nacionalidad, los días de la semana y los meses.

He's not French but English.	El no es francés sino inglés.
I'll come Tuesday or	Vendré el martes o el
Wednesday.	miércoles.
Today is the third of March.	Hoy es el tres de marzo.

5. SIGNOS ORTOGRÁFICOS

El acento u otro signo similar no existen en el idioma inglés, excepto en palabras de origen extranjero, como *fiancé.*

6. EL ARTÍCULO DEFINIDO

1. Hay solamente un artículo definido en inglés que traduce las palabras españolas "el", "la", "lo"; "los", "las."

the boy	el muchacho
the girl	la muchacha
the boys	los muchachos
the girls	las muchachas
the same	lo mismo

2. El artículo *the* tiene dos pronunciaciones distintas.

    a. Delante de una consonante, se pronuncia como *dhe:*

the man	el hombre

    b. Delante de una vocal o una *h* muda, se pronuncia como *dhi:*

the animal	el animal
the hour	la hora

3. El artículo definido a menudo se omite a diferencia del español, usándose solamente cuando la palabra siguiente es determinada.

    a. Con nombres abstractos:

Truth is beauty; beauty	La verdad es la belleza;
is truth.	la belleza es la verdad.

b. Con nombres que se refieren a una clase, o a una especie:

Teachers must be patient.	Los maestros deben tener paciencia.
Dogs are faithful.	Los perros son fieles.

c. Con nombres que se refieren a artes o a ciencias:

I like music and history.	Me gustan la música y la historia.

d. Con nombres que se refieren a colores o sustancias:

I like blue.	Me gusta el azul.
Steel is harder than iron.	El acero es más duro que el hierro.

e. Con nombres de idiomas:

He speaks German very well.	Habla muy bien el alemán.

f. Con los días de la semana y las estaciones:

next Monday	el lunes próximo
It's cold in winter.	En el invierno hace frío.

g. Con ciertos nombres geográficos:

Peru has an interesting past.	El Perú tiene un pasado interesante.
Mount Everest is the highest mountain in the world.	El monte Everest es la montaña más alta del mundo.
Lake Ontario is between Canada and the United States.	El lago Ontario está entre los Estados Unidos y el Canadá.

h. Con nombres de calles, avenidas, plazas, etc.:

He lives on Bolivar Street.	Vive en la calle Bolívar.

I'm going to Washington Square.	Voy a la plaza Washington.

i. Con ciertas expresiones corrientes:

last year	el año pasado
all day long	todo el día
at school	en la escuela

NOTAS

(a) Con partes del cuerpo y artículos de vestir se usa el adjetivo posesivo en lugar del artículo definido:

My head hurts.	Me duele la cabeza.
Take your coat off.	Quítese el abrigo.

(b) El artículo definido nunca se usa al expresar la hora:

It's three o'clock.	Son las tres.

7. EL ARTÍCULO INDEFINIDO

1. Hay solamente un artículo indefinido en inglés, el cual corresponde en español a "un," "una," "unos," "unas."
2. Este artículo tiene dos formas:

   a. *a*, que se usa delante de una consonante y del sonido *u*:

a child	un niño
a university	una universidad
a European conflict	un conflicto europeo

   b. *an*, que se usa delante de una vocal o de una *h* muda:

an idea	una idea
an honest man	un hombre honrado

NOTAS
Como regla general *a* se usa cuando aparece la forma *dhe* y
an se usa en lugar de *dhi*.

   3. El artículo indefinido se usa algunas veces cuando se
      omite en español.

        a. Antes de un título, profesión, oficio, nacionalidad,
           etc.:

He is a captain.	Es capitán.
He is a butcher.	Es carnicero.
I'm an American.	Soy americano.

        b. Antes de las palabras *hundred* (cien, ciento), *thou-
           sand* (mil):

a hundred men	cien hombres
a thousand men	mil hombres

        c. Después de las palabras *without* (sin), *what* (qué) en
           una admiración; *such* (tal):

He left without a hat.	Salió sin sombrero.
What a beautiful day!	¡Qué día tan hermoso!
I never heard such a thing!	¡Nunca he oído tal cosa!

8. CONTRACCIONES

En inglés de uso oral se usan contracciones con los auxiliares de los verbos y con los verbos defectivos.

   1. Con la partícula negativa *not:*

he isn't	él no es
they aren't	ellos no son
she wasn't	ella no era
we weren't	nosotros no fuimos
I haven't	yo no tengo
he hasn't	él no tiene

we hadn't	nosotros no tuvimos
I don't know	yo no sé
he doesn't know	él no sabe
we didn't know	nosotros no sabíamos
I won't (will not) go	yo no iré
he won't (will not) go	él no irá
I shouldn't (should not) go	yo no debería ir
he wouldn't (would not) go	él no iría
she can't	ella no puede
you mustn't	usted no debe

2. Con el pronombre personal:

I'm	yo soy
he's	él es
she's	ella es
it's	ello es
we're	nosotros somos
you're	tú eres, Ud. es, vosotros sois, Uds. son
they're	ellos son, ellas son
I've[1]	yo he
he's	él ha
they've, etc.	ellos han, etc.
I'd, he'd, etc.	yo hube, él hubo, etc.
I'll (I will), etc.	futuro
I'd (I would), etc.	condicional

3. *Is* puede ser aun combinado con otras palabras:

Where's . . . ? (Where is . . . ?)	¿Dónde está . . . ?
What's . . . ? (What is . . . ?)	¿Qué es . . . ?

[1] En el inglés norteamericano, el verbo *to have* se contrae con el pronombre sujeto solamente en los tiempos perfectos, cuando va seguido del participio pasado.

9. Los Días de la Semana

Los días de la semana se escriben con mayúscula. Generalmente, se omite el artículo, excepto cuando se refiere a un día específico.

Sunday	el domingo
Monday	el lunes
Tuesday	el martes
Wednesday	el miércoles
Thursday	el jueves
Friday	el viernes
Saturday	el sábado
the Monday I started to work	el lunes cuando empecé a trabajar
Tomorrow is Saturday.	Mañana es sábado.
Sunday is the first day of the week.	El domingo es el primer día de la semana.
He always works on Saturdays.	Siempre trabaja los sábados.

10. Los Nombres de los Meses

Los nombres de los meses siempre se escriben con mayúscula:

January	enero
February	febrero
March	marzo
April	abril
May	mayo
June	junio
July	julio
August	agosto
September	septiembre
October	octubre
November	noviembre
December	diciembre

11. Los Nombres de las Estaciones

Los nombres de las estaciones se escriben con minúsculas.

winter	el invierno
spring	la primavera
summer	el verano
autumn, fall	el otoño

12. Masculino y Femenino

1. En inglés, un nombre puede ser masculino, femenino o neutro, pero el género no está indicado en la terminación.

   a. Nombres que se refieren al género masculino son masculinos:

the son	el hijo	*the bull*	el toro

   b. Nombres que se refieren al género femenino son femeninos:

the daughter	la hija	*the cow*	la vaca

   c. Los nombres que se refieren a cosas son neutros:

the house	la casa	*the automobile*	el automóvil

2. El femenino puede formarse en tres modos diferentes:
   a. Con el sufijo—*ess:*

prince	*princess*	príncipe	princesa
actor	*actress*	actor	actriz

   b. Añadiendo a una palabra otra en el femenino o en el masculino para indicar el género:

congressman	miembro del Congreso
congresswoman	miembra del Congreso

c. Usando un nombre diferente:

boy	*girl*	muchacho	muchacha
husband	*wife*	esposo	esposa

En contextos profesionales es preferible usar palabras no-sexistas, que pueden indicar a un hombre oa una mujer:

businessperson	hombre o mujer de negocios
chairperson	presidente o presidenta (de una reunión, una firma, etc.)

13. EL PLURAL

1. El plural se forma generalmente añadiendo *s*.

a river	*two rivers*	un río	dos ríos

2. Las palabras que terminan en *y* precedida de una consonante forman su plural con *-ies:*

lady	*ladies*	dama	damas

3. Nombres que terminan en *o, s, x, z, ch* o *sh* se les añade *-es:*

potato	*potatoes*	papa	papas
box	*boxes*	caja	cajas
bush	*bushes*	arbusto	arbustos
church	*churches*	iglesia	iglesias

4. Algunas palabras que terminan en *f* o *fe* forman sus plurales con *-ves:*

wife	*wives*	esposa	esposas
thief	*thieves*	ladrón	ladrones

5. Algunas son irregulares:

child	*children*	niño	niños
man	*men*	hombre	hombres
foot	*feet*	pie	pies
mouse	*mice*	ratón	ratones

6. Las palabras de origen greco o latino algunas veces mantiene su plural.

stimulus	*stimuli*	estímulo	estímulos

7. Nombres compuestos: Cuando se escriben como una sola palabra, forman su plural añadiendo la terminación del plural al final de la palabra:

teaspoonfuls   cucharaditas llenas

Los nombres compuestos escritos con un guión forman su plural añadiendo la terminación del plural al final de la palabra esencial:

grown-ups   adultos
step-children   hijastros
sons-in-law   yernos

8. Nombres colectivos: Cierto número de nombres se usan para designar un grupo de personas o cosas, los cuales son invariables:

    a. Algunos son siempre singulares:

advice   consejos
knowledge   conocimiento
furniture   muebles
luggage   equipaje
information   información
progress   progreso
rubbish   escombros
chess   ajedrez
spinach   espinacas
asparagus   espárragos
My furniture is in storage.   Mis muebles están
                                  almacenados.

    b. Algunos tienen una forma singular pero van con el verbo en plural:

people   gente
sheep   oveja

hose	media
poultry	aves de corral
cattle	ganado
fish (o *fishes*)	pescado

(También la mayoría de los nombres de pescados: *trout*, "trucha"; *salmon*, "salmón.")

The sheep are in the meadow. Las ovejas están en el prado.

    c. Algunos son siempre plural; unos van con un verbo plural y unos con un verbo singular:

goods	mercancía
odds	diferencia
measles	sarampión
billiards	billar
politics	política
economics	economía
oats	avena
news	noticia
means	medios
alms	limosna
wages	sueldo
The news surprises me very much.	La noticia me sorprende mucho.

14. NOMBRES COMPUESTOS

En inglés es fácil y muy frecuente formar nombres compuestos. Se componen generalmente de:

    a. Dos nombres:

race horse	caballo de carrera
toothpick	palillo

b. Gerundio más el nombre:

swimming pool	piscina
sewing machine	máquina de coser

c. Nombre más adverbio, o adjetivo:

byproduct	subproducto
grandparents	abuelos

d. Verbo más nombre o adverbio:

pickpocket	robacarteras
check-up	examen general

e. Nombre más verbo más *-er,* o *-ing:*

bank teller	pagador en el banco
shipbuilding	construcción de barcos

f. Expressiones comunes:

son-in-law	yerno
forget-me-not	no me olvides

15. EL CASO POSESIVO

Para expresar posesión, el inglés puede usar una construcción similar al español:

a meeting of businessmen	una reunión de hombres de negocios

o el caso posesivo, el cual es mucho más idiomático y mucho más frecuentemente usado:

a businessmen's meeting	una reunión de hombres de negocios
a midsummer night's dream	un sueño de una noche de verano

1. El caso posesivo se forma generalmente por la adición de *-'s* después del nombre del poseedor:

a man's life	la vida de un hombre

2. Los nombres en plural y los nombres propios de más de una sílaba que terminan en *s* añaden solamente un apóstrofo al final:

the duchesses' daughters	las hijas de las duquesas
Agnes' coat	el abrigo de Agnes
the girls' dresses	los vestidos de las muchachas

3. Los nombres en plural que no terminan en *s*, los nombres en singular y los nombres propios de una sílaba que terminan en *s* añaden el apóstrofo y otra *s:*

the countess's fan	el abanico de la contesa
Charles's hat	el sombrero de Carlos
the children's toys	los juguetes de los niños

4. El apóstrofo se omite frecuentemente con los nombres de organizaciones, edificios, etc., donde la idea de posesión está clara.

Peoples Savings Bank	Banco de ahorros del pueblo

5. El caso posesivo también se usa frecuentemente en algunas construcciones idiomáticas:

a friend of my mother's	una amiga de mi madre

16. EL ADJETIVO

1. En inglés, el adjetivo es siempre invariable. Nunca cambia su género o su número:

a good boy	un muchacho bueno
a good girl	una muchacha buena
some good boys	unos muchachos buenos
some good girls	unas muchachas buenas

2. En inglés, el adjetivo casi siempre precede al nombre que modifica:

a white book	un libro blanco
fresh eggs	huevos frescos

3. Lo mismo que con los nombres, es posible formar muchos adjetivos compuestos en inglés.

    a. Añadiendo otro adjetivo, o un nombre:

dark blue	azul oscuro
light green	verde claro
seasick	mareado

    b. Añadiendo un gerundio a un nombre, un adjetivo o un adverbio:

pleasure-loving	amante del placer
good-looking	guapo (bien parecido)
hardworking	trabajador

    c. Añadiendo un participio pasado a un nombre, un adjetivo o un adverbio:

red-painted	pintado de rojo
horse-drawn	tirado por caballos
well-lit	bien iluminado

    d. Añadiendo a un nombre o a un adjetivo un nombre más el sufijo *-ed:*

fair-haired	de pelo rubio
lion-hearted	corazón de león

    e. En diferentes formas:

a well-to-do person	una persona acomodada
a would-be champion	un futuro campeón

17. GRADOS DE COMPARACIÓN

1. De igualdad:
   a. afirmativo: *as . . . as . . .*

She is as tall as her brother. Ella es tan alta como su
                                 hermano.

   b. negativo: *not as . . . as . . .*

Jane is not as pretty as her Juana no es tan bonita como
  sister.   su hermana.

2. De superioridad:

   a. A los adjetivos cortos se añade *-er:*

Peter is older than John.   Pedro es mayor que Juan.

   b. Con los adjetivos largos se usa el adverbio *more* que
      significa "más," delante del adjetivo:

He's more intelligent than   Es más inteligente de lo que
  he looks.   parece.

3. De inferioridad: Se forma poniendo el adverbio *less*
   que significa "menos" delante de cualquier adjetivo:

This book is less interesting Este libro es menos
  than that one.   interesante que ese otro.

   Sin embargo la forma *not as . . . as* se usa con más frecuencia.

4. Superlativo:

   a. A los adjetivos cortos se les añade *-est:*

This is the easiest thing   Esto es la cosa más fácil
  to do.   de hacer.

b. Con los adjetivos largos se usa la palabra o adverbio *most* delante del adjetivo:

Take the most comfortable chair.	Tome la silla más cómoda.

c. Superlativo de inferioridad: Se pone el adverbio *least* que significa "menos" delante del adjetivo:

This exercise is the least difficult of all.	Este ejercicio es el menos difícil de todos.

d. Observe que el comparativo se usa en lugar del superlativo cuando la comparación es solamente entre dos objetos o personas:

Robert is the nicer of the two brothers.	Roberto es el más simpático de los dos hermanos.

5. Comparativos y superlativos irregulares más comunes:

good	better	best	bueno	mejor	lo mejor
bad	worse	worst	malo	peor	lo peor
little	less	least	poco	menos	lo menos
much	more	most	mucho	más	lo más
many			muchos		

6. Algunos usos idiomáticos del comparativo y el superlativo:

a. superlativo absoluto

This tool is most useful.	Este instrumento es de lo más útil.
She is the most beautiful girl in town.	Es la muchacha más hermosa de la ciudad.

b. más y más, menos y menos

The days are getting shorter and shorter.	Los días se están haciendo más y más cortos.

c. cuanto más . . . tanto más; cuanto menos . . . tanto
   menos . . .

The more you get to know him, the more you like him.	Cuanto más lo trate, más le agradará.

d. Prefiero . . . que; mejor. . . .

I'd rather play than work.	Prefiero jugar que trabajar.
I'd better do it now.	Mejor hacerlo ahora.

18. Pronombres Personales

1. Pronombres del sujeto:

I	yo
you	tú, usted
he	él
she	ella
it	ello
we	nosotros, nosotras
you	vosotros, vosotras, ustedes
they	ellos, ellas

Observe que los pronombres de sujeto nunca se omiten en
inglés.

They spoke.	Hablaron.
He says he'll come.	Dice que vendrá.

2. Pronombres del complemento directo y el complemento indirecto:
   a. En inglés, hay solamente una forma que se usa para
      el complemento directo y el indirecto, así como para
      el pronombre que se usa después de una preposición.

me	me, mí
you	te, ti; le, usted
him	lo, le, él
her	la, le, ella

it	lo, la, ello
us	nos, nosotros, nosotras
you	os, vosotros, vosotras; les, ustedes
them	los, las, les, ellos, ellas

b. El pronombre personal de complemento directo siempre se pone después del verbo, nunca antes.

I see them.	Los veo.
I wrote it in my address book.	Lo escribí en mi libro de direcciones.

c. El pronombre de complemento indirecto va casi siempre precedido de la preposición *to:*

He said it to me.	Me lo dijo.
We spoke to him.	Hablamos con él.

Pero después de algunos verbos como *to tell* (contar), *to show* (mostrar), *to teach* (enseñar), *to give* (dar), *to promise* (prometer), etc., el complemento sigue sin ninguna preposición.

He told me his troubles.	Me contó su problema.
He gave her a ring.	Le dió un anillo a ella.

3. Pronombres reflexivos:

myself	me
yourself	te; se
himself	se
herself	se
itself	se
oneself	se
ourselves	nos
yourselves	os; se
themselves	se
Can you wash yourself?	¿Puede usted lavarse?

Los pronombres reflexivos no se usan tan a menudo en inglés como en español.

I forgot.   Se me olvidó.

4. Pronombres recíprocos *each other, one another:*
   a. *each other* se usa solamente cuando se refiere a dos personas:

They love each other.   Se aman.

   b. *one another* se usa cuando se refiere a dos o más personas:

The boys quarreled with one Los muchachos se pelearon.
another.

19. PRONOMBRES RELATIVOS

	SUJETO	COMPLEMENTO	POSESION
Personas	*who, that*	*who(m), that*	*whose*
	(quien, que)	(a quien)	(de quien, cuyo)
Objetos	*which, that*	*which, that*	*whose*
	(que)	(que, el cual)	(de quien, cuyo)

1. *Which* se usa también para indicar una alternativa, cuando se puede escoger entre dos o más cosas. Se traduce en español por "cual," o "que."

He does not know which of   No sabe cual de los juegos
the games he prefers.   él prefiere.

2. *That* puede tomar el lugar de *who, whom* or *which.* Sin embargo se usa siempre después de un superlativo.

This is the last letter that   Esta es la última carta que él
he wrote.   escribió.

3. *What* se traduce en español por "lo que," "la que."

That was what I told you.   Eso fue lo que te dije.

4. El pronombre relativo que hace oficio de complemento a menudo se omite.

The man (whom) I saw is a farmer.	El hombre a quién vi es un agricultor.
The pen (that) I use is not mine.	La pluma que uso no es la mía.

Sin embargo, si el pronombre relativo está precedido de una preposición, la preposición no se omite; en lugar de eso se pone después del verbo:

This is the person to whom I spoke.	Esta es la persona con quien hablé.
This is the person I spoke to.	

20. PRONOMBRES Y ADJETIVOS INTERROGATIVOS

Todos los pronombres relativos excepto *that* puedan usarse como interrogativos.

who	quién
whom	a quién
whose	de quién
which	cuál
what	qué
Which is your book?	¿Cuál es su libro?
Who is this man?	¿Quién es este hombre?

Observe que las palabras interrogativas no van precedidas de un signo de interrogación como en español.

21. ADJETIVOS Y PRONOMBRES DEMOSTRATIVOS

1. *this:* este, esta; esto
   these: estos, estas; éstos, éstas
   that: ese, esa, aquel, aquella, aquello
   those: esos, esas, aquellos, aquellas, esos, esas, aquellos, aquellas

this one: éste, ésta
that one: ése, ésa, aquel, aquella

this lady who just came	esta señora que acabó de llegar
that gentleman who arrived last month	aquel señor que llegó el mes pasado
I have two typewriters, but this one does not work.	Tengo dos máquinas de escribir, pero ésta no funciona.

2. Cuando se habla de dos grupos de personas o cosas, el inglés escrito usa las expresiones *the former . . . the latter* con preferencia a *this one . . . that one.* Observe que *the latter* se traduce por "éste" y *the former* por "aquél."

The ambassador and his secretary just arrived; the former is old and the latter is young.	Acaban de llegar el embajador y su secretario; este es joven y aquél es viejo.

22. ADJETIVOS Y PRONOMBRES POSESIVOS

1. Adjetivos posesivos:

my	mi, mis
your	tu, tus; su, sus
his	su, sus
her	su, sus
its	su, sus
our	nuestro, nuestra; nuestros, nuestras
your	vuestro, vuestra; vuestros, vuestras; su, sus
their	su, sus

Al contrario del español, el adjetivo posesivo concuerda con el poseedor y no con la cosa poseída.

He went to the country with his wife.	Fue al campo con su esposa.

The little girl is playing with her brother and sister.	La niña está jugando con su hermano y con su hermana.

2. Pronombres posesivos:

mine	el mío, la mía, los míos, las mías
yours	el tuyo, la tuya, los tuyos, las tuyas; el suyo, la suya, etc.
his	el suyo, la suya, los suyos, las suyas
hers	el suyo, la suya, los suyos, las suyas
its	el suyo, la suya, los suyos, las suyas
ours	el nuestro, la nuestra, los nuestros, las nuestras
yours	el vuestro, la vuestra, los vuestros, etc.; el suyo (de Ud.), etc.
theirs	el suyo, etc.

Los pronombres posesivos siguen las mismas reglas de los adjetivos posesivos:

This book is his.	Este libro es el suyo (de él).
This little boy is hers.	Este niño es el suyo (de ella).

3. En inglés siempre se usan los adjetivos posesivos para partes del cuerpo u objetos de vestir, aunque en español se usa el artículo definido:

My feet hurt.	Me duelen los pies.
He took off his hat.	Se quitó el sombrero.

4. Uso idiomático de los pronombres posesivos: (Véase p. 235).

a friend of mine	un amigo mío

23. ADJETIVOS Y PRONOMBRES INDEFINIDOS

all	todos
such	tal
each	cada

several	varios
some	unos, algunos
something	algo
somebody, someone	alguien
any	algún, alguno; alguien; cualquiera
anything	algo
anybody, anyone	alguien
none	nada, nadie
nothing	nada
nobody	nadie
little	poco
a little	un poco
few	pocos
a few	algunos
a lot (of)	mucho
many	muchos
other, another	otro
whatever	cualquier
whoever	quienquiera
wherever	dondequiera
whenever	cuando quiera
whole	entero

24. ORACIONES NEGATIVAS

Para hacer una oración negativa, en inglés se usa el auxiliar *do* (*I do, he does, she does, I did, he did*) en combinación con la palabra *not* excepto con el verbo *to be* y los verbos defectivos:
　　El verbo no cambia:

    a. *He is here.*　　　　Está aquí.
       He is not here.　　No está aquí.
       You must.　　　　Ud. debe.
       You must not.　　Ud. no debe.

    b. Después de *does* y *did*, el verbo toma la forma del infinitivo.

He works.	Él trabaja.
He doesn't work.	Él no trabaja.
He went.	Él fue.
He did not go.	Él no fue.

c. En los tiempos compuestos se usa solamente *not* y se pone entre el auxiliar y el verbo:

We have seen him.	Lo hemos visto.
We have not seen him.	No lo hemos visto.
I'll come.	Vendré.
I won't come.	No vendré.

d. En una oración en que aparezca una negación, no se usa la palabra *not* ni el auxiliar *do*.

| She never went to school. | Ella nunca fue a la escuela. |
| Nobody said anything. | Nadie dijo nada. |

e. Note que cuando la negación está después del verbo y antes de un nombre, se usa *no* en lugar de *not* y sin *do*.

| I have no time. | No tengo tiempo. |

25. Oraciones Interrogativas

Como en las oraciones negativas, el auxiliar *do* se usa excepto en el caso en que otros auxiliares aparecen o con los verbos defectivos:

| She eats. | Ella come. |
| Does she eat? | ¿Come ella? |

1. El orden de la oración se invierte; el verbo está antes del sujeto:

They are all hungry.	Todos tienen hambre.
Are they all hungry?	¿Tienen todos hambre?
I have made a mistake.	Me he equivocado.

Have I made a mistake?	¿Me he equivocado?
You can go.	Usted puede ir.
Can you go?	¿Puede usted ir?

2. Cuando la oración está precedida del auxiliar *do, does* o *did,* el orden de la oración se mantiene igual y el verbo toma la forma del infinitivo, pero sin el "to".

He speaks English.	Él habla inglés.
Does he speak English?	¿Habla él inglés?
The baby fell.	El nene se cayó.
Did the baby fall?	¿Se cayó el nene?

Nota: *Do* también se usa cuando se quiere dar énfasis a una idea:

I want to go.	Deseo ir.
I do want to go.	Quiero ir.

26. LOS ADVERBIOS

1. A la terminación adverbial del español "-mente", corresponde la terminación o sufijo inglés *-ly.*

exclusively	exclusivamente

2. Los adverbios tienen grados de comparación igual que los adjetivos:

cheerfully	alegremente
more cheerfully	más alegremente
less cheerfully	menos alegremente

3. Los adverbios se colocan generalmente antes de la palabra que modifican y jamás entre el verbo y el complemento directo. Es muy difícil dar reglas sobre el lugar que debe ocupar el adverbio en la oración inglesa, ya que varía de acuerdo con el adverbio y el sentido que usted quiere darle a la idea que desea expresar. Sin embargo, recuerde:

a. Adverbios definidos y expresiones de tiempo (mañana, el miércoles, etc.) generalmente se ponen al final de la oración:

I saw him on Thursday.	Lo vi el jueves.
He is leaving for Denver tomorrow.	Sale para Denver mañana.

b. Adverbios indefinidos de tiempo (a menudo, nunca, etc.) son normalmente colocados antes o después del verbo principal:

He is always late for his lesson.	Él siempre llega tarde para su lección.
I rarely talk to him.	Raramente hablo con él.

c. Cuando se usa un auxiliar, el adverbio se pone antes del verbo principal:

We do not often eat at the cafeteria.	No comemos con frecuencia en la cafetería.

d. Los adverbios de lugar generalmente se colocan al final de la oración:

It is very pleasant to live outdoors.	Es muy agradable vivir al aire libre.

e. Algunos adverbios de modo generalmente se colocan antes del verbo. Los más comunes son: *almost* (casi), *also* (también), *quite* (completamente), *nearly* (casi), *hardly* (apenas).

4. Algunos de los adverbios de tiempo más comunes:

today	hoy
yesterday	ayer
tomorrow	mañana
early	temprano
late	tarde
often	a menudo

rarely, seldom	raramente
always	siempre
never	nunca
ever	jamás
before	antes
afterwards	después
now	ahora
then	entonces
at once	inmediatamente
next	luego, próximo
still	todavía
yet	aún

5. Algunos de los adverbios de lugar más comunes:

here	aquí
there	allí
in front of	delante de
behind	detrás
under	debajo
above	encima
up	arriba
down	abajo
inside	dentro
outside	fuera
near	cerca
far	lejos
away	lejos, a lo lejos
over	encima
beyond	más allá, más lejos

6. Algunos de los adverbios de cantidad más comunes:

very	muy
little	poco
more	más
less	menos
so	tan

too	también
as	como
quite	completamente
hardly	apenas
enough	bastante
rather	más bien
almost	casi
besides	además
else	además

7. Algunos adverbios de afirmación y de negación:

yes	sí
indeed	de veras
truly	verdaderamente
perhaps, maybe	tal vez
certainly	ciertamente
of course	naturalmente, por supuesto
no	no
nor	ni
neither	tampoco

27. PREPOSICIONES

1. Las preposiciones en inglés son muy importantes ya que algunas veces cambian el sentido de una oración entera:

He went up the stairs.	Subió por la escalera.
He went down the stairs.	Bajó por la escalera.

2. A menudo las preposiciones se usan en formas idiomáticas especiales y ciertas palabras se usan frecuentemente con preposiciones especiales; no hay reglas definitivas para indicar cual se debe usar y la única manera de aprender estas expresiones correctamente es memorizando la palabra que va en combi-

nación con la preposición que generalmente acompaña
a ésta. Ejemplos:

to be in love with	estar enamorado de
by air mail	por correo aéreo
good to eat	bueno para comer

3. Algunas preposiciones comunmente usadas: (Observe
que para una preposición en español a menudo corresponden varias en inglés. La traducción es solamente
aproximada.)

at, to	a
in, into, within, inside	en
out, out of, outside	fuera
on, upon, over	sobre
over, above	encima de
under, below	debajo de
between, among	entre
before, in front of	ante, delante de, enfrente de
behind, in back of	detrás de
up	arriba
down	abajo
by, near, close to, beside	al lado de
against	contra
along	a lo largo de
about	acerca de
around	alrededor de
from	desde
of	de
through, across	por
by, for	por
with	con
without	sin
except, save	excepto
for, in order to	para

in spite of   a pesar de
like   como

28. CONJUNCIONES

1. Algunas conjunciones más comunes:

and	y, e
or	o, u
but	pero, sino, mas
that	que
as	cuando, como, puesto que
since	puesto que
if, whether	si
why	por qué
because	porque
yet, still, however	sin embargo
then	entonces
therefore	por lo tanto
while	mientras
as soon as	tan pronto como
unless	a menos que
till, until	hasta que
since	puesto que, como
before	antes que
provided that, so that	con tal que
though	aunque, bien que

2. Observe que:

a. La palabra *that* puede omitirse en la oración:
I know (that) you are right.   Yo sé que usted tiene razón.

b. *When, while, as soon as, before, until, unless* van generalmente seguidas del presente o del pasado de indicativo.

I'll tell her when she comes.   Se lo diré a ella cuando venga.

      c. *If* y *whether* las dos significan "si," pero *if* se usa
         para indicar una condición, mientras que *whether*
         tiene sentido interrogativo:

I'll go out if the weather   Saldré si hace buen tiempo.
is fine.
I wonder whether he'll   Me pregunto si él saldrá hoy.
go out today.

29. Formación de los Tiempos del Verbo

Los verbos ingleses están divididos en dos clases: verbos
regulares y verbos irregulares. Son mucho más fáciles que
los verbos en español y se pueden usar fácilmente, aprendi-
endo de memoria algunas formas:

    1. Un verbo regular pasa solamente por tres cambios en
      su infinitivo:

      a. Se añade *-s* o *-es* a la tercera persona singular del
         presente del indicativo:

I love	yo amo
you love	tu amas
he loves	él ama
she washes	ella lava
it looks	parece

         Los verbos que terminan en *-y* cambian *-y* por *-ies:*

I try, he tries   yo trato, él trata

      b. Se añade *-d* o *-ed* al infinitivo para formar el pretérito:

he loved	él amó
she washed	ella lavó
it looked	pareció

Cuando las últimas tres letras son una vocal entre dos consonantes, algunos verbos repiten la consonante final antes de añadir -ed:

they stop, they stopped   ellos se paran, ellos se pararon

    c. -d o -ed se añaden también al infinitivo para formar el participio pasado:

he has loved   él ha amado
she has washed   ella ha lavado
it has looked   ha parecido

  2. Los tiempos compuestos se forman con el auxiliar *to have* y además con *will* para el futuro compuesto, o perfecto.
    a. *I have, he has,* etc., se usan para formar el presente perfecto:

We have not visited him.   No lo hemos visitado.
He has arrived.   Él ha llegado.

    b. *I had, he had,* etc., se usan para formar el pluscuamperfecto:

They had already stopped.   Ya habían parado.

    c. *Will* se usa con el infinitivo para formar el futuro simple.

I will meet him at eight o'clock.   Lo encontraré a las ocho.
She will come this afternoon.   Ella vendrá esta tarde.

Will se puede usar también para expresar determinación.
We will learn our English lesson.   Aprenderemos nuestra lección de inglés.

I will meet him at 8 o'clock.   Lo encontraré a las ocho.
He will come this afternoon.   Vendrá esta tarde.

    d. *Would* se usa con el infinitivo para formar el condi-
       cional.

I would not like to do that.   No me gustaría hacer eso.
He would need a passport   Necesitaría un pasaporte para
  to go to Europe.   ir a Europa.

    e. *Will have* y *would have* con el participio pasado for-
       man el futuro perfecto y el condicional perfecto
       respectivamente:

I will have arrived when he   Habré llegado cuando él
  comes.   venga.
They would have liked to   A ellos les habría gustado ir a
  come to the party.   la fiesta.

  3. Los verbos irregulares pueden tener distintas formas
     en su pretérito y su participio pasado. Ya que hay
     muchos verbos irregulares entre los que más se usan,
     resulta una buena práctica estudiar los tres tiempos a la
     vez. (Véase pp. 265–267.)

30. Los Tiempos del Verbo

  1. El *present.*
    El presente en inglés corresponde al presente en
    español. Indica una acción en general o algo que acos-
    tumbra a suceder. Para describir una acción que ocurre
    solamente en el momento presente, se usa la forma
    progresiva. (Véase pp. 257–258.)

Children go to school.   Los niños van a la escuela.
He usually eats lunch at   Generalmente él almuerza a
  one o'clock.   la una.

2. El *past*.

El *past* corresponde al pretérito del español. Expresa una acción sucedida en un tiempo definido y terminada en el pasado.

I saw him yesterday.   Lo vi ayer.

3. El *present perfect*.

El *present perfect* generalmente corresponde al pretérito perfecto del español. Indica una acción sucedida en un tiempo indefinido del pasado o que aun no ha terminado o que ha sido repetida.

Have you visited Mexico?   ¿Ha estado en México?

She has worked here since   Ella ha trabajado aquí desde
December.   diciembre.

I have read the paper twice.   He leído el periódico dos
                                 veces.

4. El *past perfect*.

Describe una acción que ha tenido lugar antes de cierto tiempo en el pasado y se usa siempre junto con otro tiempo pasado que aparece expresado o que se infiere. Corresponde al pluscuamperfecto del español.

He had already left when I   Ya había salido cuando llamé.
called.

5. El *future*.

El *future* se usa en la misma forma que el futuro en español. Sin embargo para describir una acción en el futuro generalmente se prefiere la forma *to be going to* seguida del infinitivo. (Véase Lección 26, p. 115.) El futuro simple se usa para mostrar determinación o promesa.

I will study my lesson for   Estudiaré mi lección para la
the next class.   próxima clase.

PERO:

I am going to see a movie tonight.	Voy a ver una película esta noche.
I am going to take a bath.	Voy a bañarme.

En inglés, el futuro se usa con más frecuencia que en español:

I'll see him tomorrow.	Lo veo mañana.

Pero en el inglés hablado, al igual que en el español, se puede usar el presente con una expresión de tiempo para indicar el futuro próximo:

I leave this evening.	Salgo esta noche.
She arrives tomorrow.	Ella llega mañana.

6. El *future perfect*.

Se usa para describir una acción que en un momento dado de un tiempo futuro se considerará una acción pasada. Corresponde al futuro perfecto del español.

They will have arrived by then.	Habrán llegado entonces.

7. El *present conditional*.

Se traduce al condicional del español y expresa un hecho potencial o irreal pero se usa en forma distinta en las construcciones en que se requiere *if* (Véase p. 265.)

I would like to take a trip this summer.	Me gustaría hacer un viaje este verano.

8. El *past conditional*.

Tiene el mismo sentido del *present conditional* pero con la acción en el pasado.

I would have liked to take a trip last summer.	Me habría gustado hacer un viaje el verano pasado.

31. EL SUBJUNTIVO

1. El subjuntivo se usa raramente en inglés. No tiene una forma propia pero se forma de la siguiente manera:

   a. Presente: La forma del infinitivo se usa para todas las personas, así podrá notar que la tercera persona no toma una -s o -es como en el indicativo.

I suggest that he go.   Sugiero que se vaya.

   b. Pasado: La forma plural del pretérito se usa para todas las personas:

if I were you   si yo fuera Ud.

   c. Tiempos compuestos: *May, might, should, would* se usan delante del infinitivo:

if he should come   si viniera él

2. El subjuntivo debe usarse

   a. para expresar deseos:

God save the Queen!   ¡Qué Dios salve a la reina!
Come what may.   Venga lo que venga.

   b. Después del verbo *to wish* (desear) para expresar una situación irreal (ojalá que . . .) o una orden cortés.

I wish I were home.   Quisiera estar en casa. Ojalá que estuviera en casa.

I wish the children would be quiet.   Quisiera que los niños se callaran.

c. Después de ciertos verbos y expresiones como:

to suggest	sugerir
to recommend	recomendar
to demand	exigir
to insist	insistir
to propose	proponer
to be essential	ser esencial
to be imperative	ser imperativo
He suggested that she come back.	Sugirió que regresara.
It is essential that this be done at once.	Es esencial que esto sea hecho al instante.

32. EL IMPERATIVO

1. Para la segunda persona se usa el infinitivo sin pronombre:

Open the door!	¡Abra la puerta!, ¡Abre la ...
Don't shut the window!	¡No cierre la ventana!
Be quiet!	¡Cállate!, ¡Cállese!

2. La tercera persona y la primera persona del plural del imperativo se forma con el verbo *to let*.

Let him do it!	¡Que lo haga él!
Don't let them go!	¡No deje que se vayan! ¡Que no se vayan!
Let's go!	¡Vamos! ¡Vámonos!

3. Otras formas delicadas de dar órdenes son las expresiones:

I wish you would . . .	Me gustaría que . . .
Would you mind . . . ?	¿Le importaría . . . ?

I wish you would not make so much noise.	Me gustaría que no hicieras tanto ruido.
Would you mind closing the window?	¿Le importaría cerrar la ventana?

33. EL INFINITIVO

1. El infinitivo en inglés generalmente está precedido de la palabra *to:*

She wants to sing.	Ella quiere cantar.

2. El infinitivo no está precedido de *to* cuando sigue a un verbo conjugado o después de ciertos verbos como: *to make* (hacer), *to let* (permitir), *to see* (ver), *to hear* (oír), etc.

The baby cannot walk yet.	El nene no puede caminar todavía.
He made her cry.	La hizo llorar.

3. Después de verbos que expresan un mandato, un deseo, una opinión, una preferencia, etc., cuando se usa el subjuntivo en español, en inglés se usa generalmente el infinitivo:

Her mother doesn't want her to go out.	Su madre no quiere que ella salga.

4. La forma del infinitivo perfecto (*to have* más el participio pasado) se usa para describir una acción que ha tenido lugar en un tiempo anterior al de la acción del verbo principal de la oración:

He is sorry to have made such a big mistake.	Él siente mucho haber hecho una equivocación tan grande.

5. El infinitivo no se usa después de las preposiciones, excepto la preposición *to*, en su lugar se usa el gerundio. (Véase p. 257).

He is going to take a plane.   Él va a tomar un avión.

34. LA VOZ PASIVA

1. La voz pasiva se construye con el verbo *to be* más el participio pasado.

This letter was mailed by her.   La carta fue mandada por ella.

2. La voz pasiva en inglés se usa del mismo modo que en español pero con mucha más frecuencia.

   a. Puede usarse con verbos intransitivos seguidos de sus preposiciones acostumbradas:

The child spoke to the man.   El niño le habló al hombre.
The man was spoken to by the child.   El niño le habló al hombre.

   b. Algunos verbos como *to teach* (enseñar), *to tell* (decir), *to show* (mostrar), *to give* (dar) que se construyen sin preposiciones antes de los complementos pueden tener dos construcciones pasivas:

The teacher gives the students some homework.   El maestro les da una tarea a los alumnos.
Some homework is given to the students by the teacher. The students are given some homework by the teacher.   Una tarea es dada a los alumunos por el maestro.

(La tercera forma no puede traducirse exactamente al español.)

c. Muy a menudo la voz pasiva en inglés traduce la forma reflexiva del español:

English is spoken here.   Aquí se habla español.

35. La Forma *-ING*

El gerundio y el participio presente tienen la misma forma: infinitivo (sin la *e* final) más *-ing*.
1. El gerundio es una especie de verbo substantivado que puede usarse como un nombre:
   a. Después de todas las preposiciones; pero después de *to* se prefiere usar el infinitivo.

He left without saying   Salió sin decir adiós.
  good-bye.

   b. Como complemento de algunos verbos: como *to avoid* (evitar), *to consider* (considerar), *to appreciate* (apreciar), *to finish* (terminar), *to dislike* (desagradar), etc.

I dislike rushing.   Me desagrada precipitarme.

   c. Con muchos verbos el gerundio o el infinitivo pueden usarse:

They prefer taking their   Prefieren tomar sus lecciones
  lessons at home.   en casa.
They prefer to take their
  lessons at home.

d. El gerundio tiene una forma perfecta y una forma pasiva que se usan de la misma manera en que se usan las formas regulares perfecta y pasiva.

The assassin denied having committed the crime.	El asesino negó haber cometido el crimen.
The enemy admitted being defeated.	El enemigo admitió haber sido derrotado.

e. El gerundio se emplea también como un nombre regular:

His heavy drinking made him lose his job.	El tomar demasiado hizo que perdiera su empleo.

2. El *present participle:*
   a. En inglés se usa el *present participle* en lugar del participio pasado en español para aquellos verbos que describen una actitud:

She is lying on her bed.	Está acostada en su cama.

b. En combinación con el verbo *to be* sirve para formar la forma progresiva. Esta forma se usa para describir una acción que tiene lugar solamente en el presente:

He is writing a letter.	Está escribiendo una carta.

(Esta forma equivale a la forma progresiva presente del español, pero se usa con mucha más frecuencia en inglés.)

c. La forma progresiva se usa también en los otros tiempos: se forma con los distintos tiempos del verbo *to be* y el participio presente. Describe una acción que toma lugar en un momento especial:

I was cleaning the house when my guests arrived. — Estaba limpiando la casa cuando llegaron mis invitados.

My friend will be looking for you. — Mi amigo lo buscará. (Mi amigo lo estará buscando.)

La forma progresiva usada en el pasado se traduce como el imperfecto del español:

The children were playing in the garden. — Los niños jugaban en el jardín.

Lo mismo se puede traducir: Los niños estaban jugando en el jardín.

d. La forma progresiva puede tener también una construcción pasiva:

A monument is being built. — Se construye un monumento.

36. Condiciones

1. Lo mismo que en español, la oración condicional consiste en dos partes—la condición (o la cláusula con *if*) y su consecuencia. La mayoría de las condiciones caen dentro de tres formas:

a. Futuro, que indica una posibilidad (se usa el presente después de *if*, y el futuro en la consecuencia):

If he is in town, he'll call you. — Si está en la ciudad le llamará.

b. El condicional simple indica irrealidad en el presente (después de *if* se usa la forma plural del pretérito).

If he were in town, he'd call you.   Si estuviera en la ciudad, le llamaría.

c. El condicional perfecto indica irrealidad en el pasado (después de *if* se usa el pluscuamperfecto del indicativo).

If he had been in town, he would have called you.   Si él hubiera estado en la ciudad, la habría llamado.

37. Verbos Defectivos

Los verbos defectivos son aquellos verbos que carecen de ciertas personas o de ciertos tiempos; es decir son verbos incompletos.

1. Los tiempos que no existen en estos verbos son sustituidos por verbos equivalentes. Su conjugación y construcción son diferentes a la de los otros verbos:

a. Nunca toman una *s* en la tercera persona singular.

He must.   Él debe.

b. Nunca se usan con *do* o cualquier otro auxiliar.

I can't come.   No puedo venir.

c. Nunca están seguidos de *to* (excepto *ought to*).

I may fly to Madrid.   Puede que yo vaya a Madrid en avión.

    d. Su pretérito tiene también un significado condicional.

It might rain tomorrow.   Tal vez llueva mañana.

    e. Su complemento es siempre un verbo, jamás un nombre o un pronombre.

I will have this cake.   Tomaré esta torta.

    f. *Will* y *would* se usan también como auxiliares para formar el futuro y el condicional.

2. Los verbos defectivos son:

VERBO DEFECTIVO	SIGNIFICADO	SUSTITUTO
can, could	poder	*to be able*
may, might	tener permiso, ser posible	*to be allowed*
must	deber	*to have to*
will, would	querer	*to want to*
shall, should	deber	*to have to, to be obliged to*
ought to	tener obligación	*to be obliged to*

3. Para ejemplos de la construcción de oraciones con verbos defectivos y sus usos, véase Lección 39B.)

38. Usos Idiomáticos de Algunos de los Verbos Más Comunes

El significado de un verbo cambia con la preposición que le sigue. Cuando Ud. busque el significado de un verbo en el diccionario no deje de fijarse en la preposición que le acompaña. A continuación, algunos ejemplos:

1. *to do* (hacer):

to do with	tratar, entenderse
to do without	pasarse sin
to do over, again	rehacer o volver a hacer

2. *to make* (hacer):

to make out	entender
to make up	componer, inventar, reconciliarse

3. *to get* (obtener):

to get up	levantarse
to get down	bajar
to get along	llevarse bien
to get away	irse
to get back	regresar
to get off, out	apearse, bajarse, salirse
to get over	recuperarse
to get through	penetrar, pasar

4. *to go* (ir):

to go about	emprender, empezar algo
to go after	seguir a, ir tras de
to go away	marcharse
to go back	volver
to go backward	retroceder
to go by	pasar cerca
to go in	entrar
to go on	continuar
to go out	salir
to go up	subir
to go down	bajar
to go with	acompañar

5. *to take* (tomar):

to take back	devolver
to take down	bajar

to take from	quitar de
to take out	sacar
to take off	despegar
to take up	abordar

6. Para otras construcciones idiomáticas de los verbos, busque en el diccionario.

39. Conjugación de un Verbo Regular

to love	(amar):

1. *Present*

I love	yo amo
you love	tú amas, Ud. ama
he loves	él ama
she loves	ella ama
it loves	ama
we love	nosotros (nosotras) amamos
you love	vosotros (vosotras) amáis, Uds. aman
they love	ellos (ellas) aman

2. *Past*

I loved	yo amé
you loved	tú amaste, Ud. amó
he loved, etc.	él amó, etc.

3. *Present Perfect*

I have loved	yo he amado
you have loved	tú has amado, Ud. ha amado
he has loved, etc.	él ha amado, etc.

4. Past Perfect

I had loved	yo había amado
you had loved, etc.	tú habías amado, Ud. había amado, etc.

5. Future

I will love	yo amaré
you will love, etc.	tú amarás, Ud. amará, etc.

6. Future Perfect

I will have loved	yo habré amado
you will have loved, etc.	tú habrás amado, Ud. habrá amado, etc.

7. Present Conditional

I would love	yo amaría
you would love, etc.	tú amarías, Ud. amaría, etc.

8. Past Conditional

I would have loved	yo habría amado
you would have loved, etc.	tú habrías amado, Ud. habría amado, etc.

9. Present Subjunctive

I love	yo ame
you love	tú ames, Ud. ame
he love	él ame, etc.

10. *Past Subjunctive*

I loved	yo amara o amase
he loved	él amara o amase

11. *Imperative*

love	ame
let him love	que ame
let's love	amemos

12. *Infinitive*

to love	amar
to have loved	haber amado

13. *Progressive Form*

I am loving	estoy amando
I was loving	estaba amando
I have been loving	he estado amando
I will be loving	estaré amando
I would be loving	estaría amando
I am being loved	estoy siendo amado, amada
I was being loved	estaba siendo amado, amada

14. *Passive Form*

I am loved	soy amado, amada
I was loved	fui amado, amada
I have been loved	he sido amado, amada
I will be loved	seré amado, amada
I would be loved	sería amado, amada

40. Los Verbos Irregulares Más Comunes

PRESENT	PAST	PAST PARTICIPLE	MEANING (SIGNIFICADO)
to bear	bore	borne	soportar, sufrir
to beat	beat	beaten	pegar
to become	became	become	hacerse
to begin	began	begun	empezar
to bend	bent	bent	doblar
to bet	bet	bet	apostar
to bind	bound	bound	unir
to bite	bit	bitten	morder
to bleed	bled	bled	sangrar
to blow	blew	blown	soplar
to bring	brought	brought	traer
to build	built	built	construir
to burst	burst	burst	estallar
to cast	cast	cast	tirar
to catch	caught	caught	coger
to choose	chose	chosen	elegir
to come	came	come	venir
to cost	cost	cost	costar
to cut	cut	cut	cortar
to deal	dealt	dealt	tratar
to dig	dug	dug	cavar
to do	did	done	hacer
to draw	drew	drawn	arrastrar
to drink	drank	drunk	beber
to drive	drove	driven	conducir
to eat	ate	eaten	comer
to fall	fell	fallen	caer
to feed	fed	fed	alimentar
to feel	felt	felt	sentir
to fight	fought	fought	luchar
to find	found	found	encontrar
to fly	flew	flown	volar

to forget	forgot	forgotten	olvidar
to forgive	forgave	forgiven	perdonar
to freeze	froze	frozen	helar
to get	got	gotten	obtener
to give	gave	given	dar
to go	went	gone	ir
to grow	grew	grown	crecer
to hang	hung	hung	colgar
to have	had	had	tener, haber
to hear	heard	heard	oír
to hide	hid	hidden	esconder
to hit	hit	hit	golpear
to hold	held	held	tener, coger
to hurt	hurt	hurt	herir
to keep	kept	kept	guardar
to know	knew	known	conocer, saber
to lay	laid	laid	poner
to lead	led	led	guiar
to leave	left	left	dejar
to lend	lent	lent	prestar
to let	let	let	permitir
to lie	lay	lain	acostarse
to lose	lost	lost	perder
to make	made	made	hacer
to mean	meant	meant	querer decir
to meet	met	met	encontrarse
to owe	owed	owed	poseer
to pay	paid	paid	pagar
to quit	quit	quit	dejar
to read	read	read	leer
to ride	rode	ridden	cabalgar, montar
to ring	rang	rung	sonar
to rise	rose	risen	subir
to run	ran	run	correr
to see	saw	seen	ver
to shake	shook	shaken	sacudir

to sell	sold	sold	vender
to send	sent	sent	mandar
to set	set	set	poner
to shine	shone	shone	brillar
to shoot	shot	shot	tirar
to show	showed	shown	mostrar
to shrink	shrank	shrunk	encogerse
to shut	shut	shut	cerrar
to sing	sang	sung	cantar
to sink	sank	sunk	hundir
to sit	sat	sat	sentarse
to sleep	slept	slept	dormir
to slide	slid	slid	resbalar
to speak	spoke	spoken	hablar
to spend	spent	spent	gastar
to split	split	split	hender
to spread	spread	spread	difundir
to stand	stood	stood	estar de pie, pasarse
to steal	stole	stolen	robar
to stick	stuck	stuck	pegar, prender
to strike	struck	struck	golpear
to swear	swore	sworn	jurar
to sweep	swept	swept	barrer
to swim	swam	swum	nadar
to swing	swung	swung	columpiar
to take	took	taken	tomar
to teach	taught	taught	enseñar
to tear	tore	torn	romper
to tell	told	told	decir, contar
to think	thought	thought	pensar
to throw	threw	thrown	echar
to wear	wore	worn	llevar
to weep	wept	wept	llorar
to win	won	won	ganar
to write	wrote	written	escribir

CÓMO ESCRIBIR CARTAS

1. INVITACIONES FORMALES Y ACEPTACIONES

INVITACIONES

Mr. and Mrs. Alfred E. Larchmont
request the honor of your presence
at the marriage of their daughter
Julia Louise
to
Mr. Paul Victor Jordan
on Sunday, the first of July
Nineteen hundred and ninety-three
at four-thirty o'clock in the afternoon
Our Lady of the Lake Church
95th Street and Grant Boulevard
Richmond, N.C.

El señor Alfredo E. Larchmont y señora solicitan el honor de su presencia en el matrimonio de su hija, Julia Luisa con el señor Pablo Víctor Jordan, que se verificará el domingo 1° de julio del presente año, a las 16.30 horas, en la iglesia de Nuestra Señora del Lago, sita en Calle 95 y Boulevard Grant, Richmond, N.C.

Mr. and Mrs. Vincent Vanderfeller request the honor of your presence at a party given in honor of their daughter, Jo Ann, on Saturday evening, March 24, 1992, at nine o'clock, at the Yacht Club.

Los señores Vincent Vanderfeller solicitan el honor de su presencia a la recepción que darán en honor de su hija Jo Ann, el sábado 24 de marzo, 1992, a las nueve de la noche, en el Club Yate.

RESPUESTAS

Mr. and Mrs. Ronald Hudson thank Mr. and Mrs. Vanderfeller for their kind invitation and regret that they are unable to come owing to a previous engagement.

Los señores Hudson les ruegan a los señores Vanderfeller se sirvan recibir las gracias por su amable invitación y la expresión de su sentimiento al no poder asistir por hallarse comprometidos con anterioridad.

Mr. and Mrs. Brown thank you for your kind invitation and will be honored to attend the reception on March 24th.

Los señores Brown les agradecen infinitamente la invitación que se han dignado hacerles y tendrán el honor de asistir a la recepción del sábado 24 de marzo.

FORMAS DE AGRADECIMIENTO

March 3, 2002

Dear Helen,

This is just to say hello and also let you know that I received the beautiful vase you sent me as a gift. I've put it on the piano, and you can't imagine how nice it looks.

I expect to see you at Carmen's party tomorrow. I think it's going to be a lot of fun.

I hope your family is all well. Everyone here is fine.

Love,

Joyce

3 de marzo, 2002

Querida Helena,

La presente es con el fin de saludarte y darte las gracias por el precioso florero que me enviaste de regalo. Lo he colocado encima del piano, y no te imaginas el lindo efecto que hace.

Espero verte pasado mañana en la fiesta de Carmen, la cual parece que va a ser muy animada.

Deseo que estés bien en compañía de los tuyos. Nosotros sin novedad.

Con cariño,

Joyce

2. CARTAS DE NEGOCIOS

Smith & Jones, Inc.
641 Fifth Avenue
New York, N.Y. 10020

June 11, 2002

National Merchandise Co.
127 Ontario Street
Chicago, Ill. 60618

Dear Sir or Madam:

We have the pleasure of introducing to you the bearer of this letter, Mr. Adolf A. Hart, one of our salesmen, who is visiting the principal cities of your region. Needless to say, we shall greatly appreciate any courtesy you extend to him.

Thanking you in advance, we remain,

Very truly yours,

Sus Attos. y SS. SS.
Smith & Jones, Inc.
Simon L. Penny
President

Smith & Jones, Inc.
641 Quinta Avenida .
Nueva York, N.Y. 10020

11 de junio, 2002

National Merchandise Co.
127 Calle Ontario
Chicago, Ill. 60618

Muy señores nuestros:

Nos es grato presentarles al portador de la presente, el Sr.
Adolfo A. Hart, nuestro viajante, quien se propone visitar las
principales poblaciones de esa región. No necesitamos
decirles que cualquier atención que le dispensen la consid-
eraremos como un favor personal.

Anticipándoles las gracias, nos es grato reiterarnos de Uds.
como siempre,

Sus Attos. y SS.SS.
SMITH & JONES, INC.
Simon L. Penny
Presidente

28 Prospect Avenue
Apartment 7
Bryn Lane, Pa.
May 17, 2002

This Week magazine
Circulation Department
1230 West 14th Street
New York, N.Y. 10011

To whom it may concern:

Enclosed please find a check for $25.00 to cover a year's subscription to your magazine.

Very truly yours

Robert Lavender

Encl:

                                          Apartamento 7
                                          28 Avenida Prospect
                                          Bryn Lane, Penn.
                                          17 de mayo de 2002

"Esta Semana" Revista
Departamento de Circulación
Calle 14 #1230 Oeste
Nueva York, N.Y. 10011

Muy señores míos:

Sírvase encontrar adjunto un cheque de $25.00 por un año
de subscripción a la revista de su digna dirección.

                                          Atentamente,

                                          Roberto Lavender

Bridge Brothers
23 Wilshire Boulevard
Los Angeles, Calif. 90023
May 23, 2002

Huntington Corp. Ltd.
2159 Culver Avenue
Phoenix, Ariz.

Dear Sir or Madam:

In reply to your letter of the 10th of this month, I wish to
confirm that the merchandise was mailed to you parcel post
on May 15.

Very truly yours,

Arnold Bridge

Bridge Hnos.
23 Paseo Wilshire
Los Angeles, Calif. 90023
23 de mayo de 2002

Huntington Corp. Ltd.
2159 Avenida Culver
Phoenix, Ariz.

Muy señores nuestros:

En contestación a su atenta del 10 del presente, deseo con-
firmar a ustedes que la mercancía les fue enviada por bulto
postal el 15 de mayo pasado.

De ustedes atentamente,

Arnold Bridge

3. CARTAS INFORMALES

Dear Mark,

I was very happy to get your last letter. First of all, let me give you the big news. I have finally decided to make a trip to New York, where I expect to spend all of May.

Clara is coming with me. She is extremely happy to be able to meet the two of you at last. During this time we'll have an opportunity to talk about our college days and our old friends.

Business is good now and I hope, it will stay that way. I saw Peter the other day and he asked me about you.

Write soon. Give our regards to Ann.

Yours,
Michael

Mi querido Marco:

Me ha sido sumamente grato recibir tu última carta. Ante todo, déjame darte la gran noticia. He decidido por fin hacer un viaje a Nueva York, donde pienso pasar todo el mes de mayo.

Clara viene conmigo. A ella le encanta la idea de conocerlos. Tendremos oportunidad de charlar acerca de los días universitarios y de nuestros viejos amigos.

Los negocios marchan bien por ahora y confío que continuarán de esta manera. El otro día estuve con Pedro y preguntó por ti.

Escríbeme pronto. Dale mis recuerdos a Ana y tú recibe un abrazo de tu amigo.

Miguel

...AS DE SALUDO Y DESPEDIDA

...ludos:

FORMAL

Sir:	Señor:
Madam:	Señora:
Dear Sir:	Muy señor nuestro:
Dear Sir or Madam:	Muy señores nuestros:
Dear Mr. Frand:	Distinguido señor Frand:
Dear Mrs. Frand:	Distinguida señora Frand:
Dear Miss Frand:	Distinguida señorita Frand:
Dear Ms. Smith[1]:	Distinguida Sra./Srta. Smith:
Dear Dr. Harris:	Distinguido Doctor Harris:
Dear Professor Fulton:	Apreciable profesor Fulton:
Dear Colonel Kent:	Respetable coronel Kent:

INFORMAL

Dear Mr. Scott:	Muy estimado señor Scott:
Dear Mrs. Scott:	Muy estimada señora Scott:
Dear Miss Scott:	Mi querida señorita Scott:
Dear Ilana:	Querida Ilana:
Dear George:	Mi querido Jorge:
Dearest Robert:	Muy querido Roberto:
My darling Talya:	Mi querida Talya:

2. Despedidas:

FORMAL

Very truly yours,	Su atento y seguro
Yours very truly,	servidor, Su atto. y S.S.
Sincerely yours,	Atentamente.
Yours sincerely,	Sinceramente.

[1] Ms. (miz) se usa para saludar a una mujer profesional sin indicar su estado civil.

INFORMAL

Cordially,	Cordialmente.
Very cordially,	Muy cordialmente.
Best regards,	Nuestros mejores recuerdos.
With our very best regards,	Con nuestros mejores recuerdos.
Affectionately,	Afectuosamente.
Yours,	De quien te estima.
Love,	De todo corazón.
With love,	Besos y abrazos.

5. FORMATO DEL SOBRE

David C. Jones
537 River St.
Washington, D.C. 20036

Mr. Jacob Lever
893 Second Street
New York, NY 10022

Crown Publishers
201 East 50th Street
New York, NY 10022

> Ms. Susan W. Peters
> 23 Independence Ave.
> Franklin, FL 33051

Miss Rachel Weber
25 West 55th Street
Chicago, IL 60621

> Mrs. J. C. Bradley
> 2474 Tulane Avenue
> New Orleans, LA 70119

OTROS EJEMPLOS

Doctor Walter J. Pittman
22 Ridgeway Road
San Francisco, CA 91344

Ms. J. C. Philips
3814 Washburn Avenue
Fort Worth, TX 76107

Miss Melanie Taylor
Pratt Hall
University of Alabama
Tuscaloosa, AL 34501

Mr. & Mrs. Richard Gold
192 Avenue J
Brooklyn, New York 11213
U.S.A.